Kate Middleton

ANSIEDADE

Como controlar e superar

Paulinas

Dados Internacionais de Catalogação na Publicação (CIP)
(Câmara Brasileira do Livro, SP, Brasil)

Middleton, Kate
  Ansiedade: como controlar e superar / Kate Middleton. – 1. ed.
– São Paulo : Paulinas, 2018. – (Saúde e bem-estar)

  ISBN 978-85-356-4384-8

  1. Ansiedade 2. Atitude - Mudança 3. Autoajuda 4. Conduta de vida 5. Medo I. Título. II. Série.

18-13431   CDD-158.1

Índice para catálogo sistemático:
1. Ansiedade : Autoajuda : Psicologia aplicada   158.1

© 2010 Kate Middleton. Edição original publicada em inglês com o título:
First steps out of anxiety por Lion Hudson plc, Oxford, Inglaterra.
© 2010 Lion Hudson plc.

1ª edição – 2018
4ª reimpressão – 2024

Direção-geral:	*Flávia Reginatto*
Editora responsável:	*Andréia Schweitzer*
Tradução:	*Vera Barkow*
Copidesque:	*Mônica Elaine G. S. da Costa*
Coordenação de revisão:	*Marina Mendonça*
Revisão:	*Sandra Sinzato*
Gerente de produção:	*Felicio Calegaro Neto*
Projeto gráfico:	*Jéssica Diniz Souza*
Imagem de capa:	*©tatomm - Fotolia.com*

Nenhuma parte desta obra poderá ser reproduzida ou transmitida por qualquer forma e/ou quaisquer meios (eletrônico ou mecânico, incluindo fotocópia e gravação) ou arquivada em qualquer sistema ou banco de dados sem permissão escrita da Editora. Direitos reservados.

Cadastre-se e receba nossas informações
paulinas.com.br
Telemarketing e SAC: 0800-7010081

Paulinas
Rua Dona Inácia Uchoa, 62
04110-020 – São Paulo – SP (Brasil)
📞 (11) 2125-3500
✉ editora@paulinas.com.br
© Pia Sociedade Filhas de São Paulo
São Paulo, 2018

Este livro é dedicado às pessoas
que foram suficientemente corajosas
para combater e superar a ansiedade – e que me deram
o privilégio de compartilhar essa jornada com elas.
Eu espero que tal bravura inspire outros,
tanto quanto inspirou a mim.

SUMÁRIO

Por que ler este livro?...7

Introdução 9

1. Ansiedade - amiga ou inimiga?..13

2. Quando a ansiedade se torna ruim...23

3. Quando aquilo que fazemos piora a situação – Parte 1 37

4. Quando aquilo que fazemos piora a situação – Parte 2 45

5. A linha da ansiedade 51

6. Uma rápida aula sobre relaxamento 63

7. Limpando as aparas 71

8. Começando a reconquistar o terreno – Parte 1...........................81

9. Começando a reconquistar o terreno – Parte 2...........................87

10. Expectativas...95

Para a família 99

POR QUE LER ESTE LIVRO?

- Você ou uma pessoa querida sofre de ansiedade?
- Você acha que se preocupa constantemente, inquieta-se, ou tem problemas para se concentrar?
- Você se irrita facilmente e se sente à beira de um colapso?

Ansiedade é um problema muito comum; contudo, apesar de sua prevalência, muitas pessoas não a entendem. E, o mais importante, não sabem que ela pode ser tratada – a ansiedade não tem de dominar sua vida.

Este livro explica e esclarece:
- o que é ansiedade e como funciona;
- o que a origina e o que a piora;
- o que você pode fazer para controlá-la;
- como superá-la, caso aconteça.

Embora a vida de ninguém possa estar totalmente livre de ansiedade, é possível controlá-la com medidas que vão deixá--lo mais feliz e saudável.

INTRODUÇÃO

A ansiedade está em toda parte. Se você pensar sobre suas emoções, provavelmente a ansiedade é uma das que mais presentes. Ela existe em todas as culturas e em todos os grupos etários. É uma das primeiras emoções vistas em bebês pequenos e está presente em outros tipos de animais. Infelizmente, é também uma das emoções mais problemáticas e desagradáveis de experimentar, frequentemente nos fazendo perder o controle.

> **VOCÊ SABIA?**
>
> - Clinicamente, a ansiedade está relacionada a diferentes condições de saúde mental, mais do que qualquer outra emoção.
>
> - A ansiedade pode tornar-se, a longo prazo, um problema crônico, restringindo a vida das pessoas e levando-as a desenvolver outros problemas, à medida que tentam encontrar meios para lidar com os sintomas desagradáveis que sentem.

- A ansiedade não afeta apenas o aspecto emocional, mas também tem consequências físicas, como uma série de problemas de saúde causados ou agravados por ela.

- A ansiedade é um problema em crescimento – um estudo de 2009 constatou que mais de um terço das pessoas relataram que se sentem mais ansiosas do que costumavam sentir-se anteriormente.

Por estar lendo este livro, provavelmente você sabe muito bem com que rapidez a ansiedade pode tornar-se sua inimiga – e como pode crescer e assumir o controle de sua vida. Quando você está nas garras da ansiedade, ela pode ser impiedosa, e escapar não parece uma opção. Mas *é* possível superá-la e retomar o controle da situação.

A verdade é que ninguém jamais pode ser totalmente *livre* de ansiedade, já que ela desempenha um papel crucial no controle e na influência de nosso comportamento; sem ela, estaríamos em perigo, incapazes de responder com suficiente rapidez a riscos, ou avançando às cegas em meio a situações inesperadas. Entretanto, é possível reduzir de forma substancial a quantidade de ansiedade com a qual se tem de lidar, enfrentando melhor os momentos de nervosismo, quando chegam de repente.

Este livro tem o propósito de ajudá-lo a entender melhor a ansiedade e, assim, fazê-lo assumir o controle de sua vida

– como dar os primeiros passos no sentido de reconquistar o terreno tomado pela ansiedade!

Lembre-se: como todas as condições emocionais, a ansiedade pode ser um problema sério. Este livro irá conduzi-lo nos primeiros passos no combate à ansiedade; mas, se os seus níveis de ansiedade são muito altos, ou se sua ansiedade está levando-o a pensar ou agir de modo preocupante em relação a você ou àqueles ao seu redor, talvez seja melhor considerar a necessidade de receber mais auxílio. Certifique-se também de discutir o problema com o seu médico. Acima de tudo, todavia, não se desespere: cada pequeno passo que der faz a diferença, e quanto mais compreender o seu inimigo, melhor será a sua posição para combatê-lo.

DETONANDO MITOS

Não há nada que você possa fazer a respeito de seus níveis de ansiedade – eles são determinados pela sua personalidade.

Há um resquício de verdade nessa crença comumente aceita. Algumas pessoas – devido à sua personalidade ou ao seu estilo de vida – estão mais inclinadas à ansiedade. Mas, compreendendo-a melhor, é possível controlá-la!

1
ANSIEDADE - AMIGA OU INIMIGA?

Como estamos nos preparando para reagir contra a ansiedade, antes de qualquer coisa temos de responder a uma pergunta. A fim de entender como a ansiedade é programada para funcionar, precisamos, em primeiro lugar, verificar para que serve. É fácil pensar que certas emoções são apenas dificuldades, mas, na realidade, são essenciais para o funcionamento normal de nosso cérebro. A ansiedade não é diferente; assim, vamos refletir sobre qual sua função.

• •
Agora é com você!

A experiência de ansiedade é diferente para cada pessoa, e no decorrer deste livro você encontrará seções como esta que lhe pedem para refletir sobre como exatamente *você* se sente a respeito de algumas coisas. Isso o ajudará a aplicar a teoria à sua própria situação. Assim, sempre que vir a seção "Agora é com você!", pegue um caderno e responda às questões.

Comecemos pensando sobre algum período recente em que se sentiu ansioso. Você consegue lembrar-se de onde estava, qual foi a sensação e como agiu? Agora, faça-se esta pergunta: "O que eu estava sentindo naquele momento, que me deu a certeza de estar ansioso?".

Para ajudá-lo a pensar nisso, anote algumas coisas de que se lembre sobre o que estava pensando, sentindo ou fazendo. Então...

- Onde você estava?/O que você estava fazendo?
- O que você sentiu? (Inclua emoções e quaisquer sensações físicas de que se possa lembrar.)
- Você se recorda de algum pensamento que estava passando pela sua cabeça?

• •

As três funções principais da ansiedade

A experiência de ansiedade é diferente para cada pessoa, mas se pedíssemos a um grupo para realizar a mesma tarefa, alguns tópicos em comum surgiriam – experiências que todos temos em comum nesses momentos, quando sentimos aquilo que chamamos de "ansiedade". Uma pesquisa realizada para investigar as emoções descobriu três funções principais da ansiedade – certas atividades que ela parece executar dentro do cérebro –, as quais estão diretamente relacionadas à maneira como a experimentamos. Vamos conhecer essas funções da ansiedade e como estão relacionadas ao modo como a *sentimos.*

1. Em primeiro lugar e o mais importante: ansiedade é o modo como seu cérebro chama a sua atenção

Esta é uma das razões pelas quais as pessoas acham ser bem fácil lembrar-se do momento que estavam ansiosas.

O modo como você se sente chama sua atenção e o conscientiza do que está acontecendo. Ansiedade provoca alterações físicas em seu corpo, as quais são notadas rapidamente. Todos aqueles "sintomas" clássicos de ansiedade – frio na barriga, falta de ar – são sinais de que o cérebro está usando seu corpo para tentar chamar sua atenção.

SINAIS E SINTOMAS COMUNS DE ANSIEDADE

- Coração acelerado.
- Palpitações.
- Tremedeira ou agitação.
- Respiração rápida/fraca.
- Sensação de mal-estar/frio no estômago.
- Necessidade de ir ao banheiro mais que o usual.
- Indigestão/dores de estômago.
- Transpiração/ondas de calor.
- Dores de cabeça.
- Dificuldade de concentração ou de permanecer sentado tranquilamente.
- Problemas para dormir.
- Vertigens/desmaios.
- Conscientização intensa de sons ou de coisas acontecendo ao seu redor.
- Irritabilidade.
- Pensamentos obsessivos (recorrentes).
- Inabilidade de pensar com clareza ou de forma lógica.

A função principal da ansiedade é chamar sua atenção quando uma parte de seu cérebro percebe algo que *pode ser significativo*. Em especial, é geralmente ativada quando parece que algo importante para você está sendo ameaçado. Há uma parte do seu cérebro que constantemente mantém o controle do que está acontecendo em sua vida e no mundo à sua volta, alinhando essa informação com as metas e regras que você também mantém arquivadas em seu cérebro.

Algumas dessas metas são básicas e compartilhadas por todos nós – como "manter-se vivo". Outras são mais complexas e relacionadas a aspectos de sua própria vida, ou a lições que você aprendeu no passado. Assim, metas podem ser algo como "Eu preciso escrever um relatório que impressione realmente meu chefe", ou informações importantes como "A última vez que esquiei eu caí e machuquei bastante o meu joelho". Na próxima vez que seu cérebro sinalizar que algo a respeito de suas experiências está relacionado a uma meta, regra ou experiência anterior que você armazenou, ele necessitará de algum meio para alertá-lo; então se utiliza da combinação de sensações que chamamos de ansiedade.

> A ansiedade é ativada quando algo que está acontecendo a nossa volta ameaça de alguma forma uma meta ou regra, ou nos lembra de uma experiência prévia que teve um resultado significativo.

Portanto, digamos que você planejou sair à noite depois do trabalho. Então, quando está prestes a sair, lembra que um relatório que não terminou deverá estar pronto até às 9 horas da manhã. Você poderia escrever rapidamente alguma coisa antes de sair, mas de repente sente uma pontada de ansiedade. Por quê? Seu cérebro está ativando a ansiedade para alertá-lo de que você tem como meta escrever um relatório que realmente impressione, e suas circunstâncias momentâneas estão ameaçando o sucesso dessa meta.

Pensemos em outro exemplo: alguma vez você abasteceu seu carro com o combustível errado? Para a maioria das pessoas, abastecer o carro é uma dessas coisas que fazemos no "piloto automático", sem realmente pensar nelas. Todavia, recentemente uma amiga fez isso com um carro alugado... E de repente percebeu horrorizada que estava colocando gasolina em um tanque a diesel! Mas o que foi aquela sensação que, a meio caminho de encher o tanque, a fez perceber o erro? Ela descreveu como, repentinamente, sentiu uma pontada de ansiedade bastante forte – seu cérebro, trabalhando em seu subconsciente, percebeu que havia um conflito entre o que ela estava fazendo e uma meta subconsciente (algo como "Eu não quero criar uma confusão com este carro alugado e perder a caução!"), e ativou a ansiedade. Isso chamou sua atenção e, no momento em que focou no que estava fazendo, ela percebeu o erro e foi capaz de corrigi-lo antes que fosse tarde demais.

Pense sobre a seguinte situação: são três horas da madrugada e você dorme profundamente. Então o telefone toca! O que você sente? A maioria das pessoas admitiria que sente uma pontada de ansiedade. Mas por quê? Geralmente você não se sente ansioso quando o telefone toca. Mas como três horas da madrugada é um horário incomum para telefonar, a maioria das pessoas faz em seu cérebro a conexão de que algo ruim pode ter acontecido. Esse é um exemplo perfeito de como o pior dos cenários repentinamente começa a parecer possível, podendo dar início à ansiedade.

Assim, a ansiedade é ativada quando algo que acontece a nossa volta ameaça de alguma forma uma meta ou uma regra, ou nos recorda de uma experiência prévia que teve um desfecho significativo. Outra coisa está sempre presente com a ansiedade: é o que eu chamo de Pior Cenário Possível (PCP). Trata-se daquilo que você não quer que aconteça – aquilo que está temendo e quer evitar. Pode ser, por exemplo, ir mal em uma prova, levar uma tremenda bronca de seu chefe, ter de fazer algo que não queira, ser atacado por um inseto, animal ou réptil assustador – cada hipótese provocadora de ansiedade tem seu próprio PCP. Quando seu cérebro detecta que as chances de um PCP acabam de surgir, ele ativa a ansiedade a fim de alertá-lo.

••••••••••••••••••••••••••••
Agora é com você!

Quais são os seus PCPs?

Reflita sobre o exemplo anterior, a respeito do qual você escreveu, quando sentiu ansiedade. Você consegue identificar por que estava ansioso? O que, naquele exemplo, era o pior cenário possível? Talvez você ache útil pensar sobre a pior coisa que talvez pudesse ter acontecido e, então, anotá-la.
••••••••••••••••••••••••••••

2. A segunda função mais importante da ansiedade é que ela o deixa pronto para (re)agir

Quando você se sente ansioso, seu cérebro ativa uma complexa rede de nervos, hormônios e outras substâncias químicas chamada sistema nervoso simpático. Esse sistema controla o quão pronto você está para reagir a alguma coisa – quando surge, você está preparado para a ação. Ele controla a bem conhecida reação "luta ou fuga". Quando o sistema nervoso simpático é ativado, uma cadeia de eventos ocorre em seu corpo, preparando-o para a atividade física – lutar ou, em caso de ansiedade, fugir! Esses fatos incluem o seguinte:

- A liberação de hormônios (incluindo adrenalina) aumenta sua taxa cardíaca e dilata os vasos sanguíneos que abastecem seu coração e os músculos principais.
- Seu coração bate mais rápido, distribuindo mais sangue por todo o corpo.
- Os vasos sanguíneos que abastecem as funções diárias (como, por exemplo, a digestão) se estreitam, de modo que seu sangue é imediatamente desviado para os músculos, onde poderá ser necessário, caso você tenha que entrar em ação.
- Glicose é liberada em seu sangue e sua taxa respiratória aumenta, de modo que seu sangue é enriquecido pelo açúcar e pelo oxigênio fornecedores de energia de que você necessitará para poder mover-se rapidamente.

A ansiedade processa também mudanças dentro de seu cérebro. Isto o torna apto a reagir à mais sutil insinuação de perigo ou risco. Você poderá sentir-se mais alerta e mais propenso a reagir a coisas insignificantes – barulhos ou movimentos, por exemplo.

• •
Agora é com você!

Como você pode dizer quando está "preparado para reagir"?

Reflita sobre um episódio de ansiedade que você vivenciou. Lembra-se de ter-se sentido mais alerta na ocasião? Havia sons ou movimentos aos quais reagiu, mas normalmente não reagiria? Sentiu-se mais nervoso ou não conseguiu ficar sentado, quieto? Quais foram os sinais para os quais estava "preparado para reagir"?

• •

3. Por fim, a ansiedade afeta sua maneira de pensar

Seu cérebro não provoca apenas alterações em seu estado físico e emocional. Ao mesmo tempo, o alerta que envia aciona a parte de seu cérebro que realiza a análise. A intenção disso é dar chance de você resolver se precisa reagir e, em caso positivo, qual deveria ser a reação.

Frequentemente parece que essa é, realmente, a *primeira* coisa que você faz quando está ansioso, não a última! Muitas vezes as pessoas dizem que, por estarem pensando certas coisas – "Oh não, eu espero conseguir fazer isso a tempo" ou "Eu realmente espero que ela não tenha me escutado dizer isso" –, a ansiedade é ativada em primeiro lugar. Na realidade, a mudança de pensamento é efetivamente algo que acontece mais tarde como reação à ansiedade. Em momentos de perigo, de ameaça real à vida, seu cérebro consegue ignorar esse estágio e acionar uma reação física, bem antes de você ter tempo de pensar. Antes mesmo de você se dar conta do que está fazendo, você saltou para fora do caminho do carro que estava prestes a bater em você, ou fugiu correndo da vespa zumbindo por perto. Somente depois de ter reagido é que você tem tempo para pensar. Mais adiante iremos falar sobre os padrões de pensamento que podem ser ativados pela ansiedade – e como são significativos nos problemas de ansiedade.

OS TRÊS PRINCIPAIS PAPÉIS DA ANSIEDADE

A ansiedade adverte-o de que algo significativo pode estar acontecendo/está para acontecer.

A ansiedade prepara-o para reagir.

A ansiedade provoca-o a pensar de modo que analise o que está acontecendo.

DETONANDO MITOS

Algumas pessoas não têm medo de nada.

Ninguém é capaz de estar saudável sem sentir ansiedade; ela é uma parte vital para se estar vivo. A ansiedade ajuda a atingir metas e evita desastres, seja no trabalho, seja nos relacionamentos, seja na vida pessoal.

2
QUANDO A ANSIEDADE SE TORNA RUIM

Agora que compreendemos o papel importante que a ansiedade desempenha no modo como nosso cérebro *normalmente* funciona, podemos verificar o que exatamente ocorre quando a ansiedade começa a causar problemas. A ansiedade destina-se a nos proteger de danos, mas pode frequente e efetivamente *causar* danos quando nos leva a reagir de maneira absolutamente não construtiva. Vimos as três funções principais da ansiedade. Vejamos agora os três modos mais comuns de a ansiedade causar problemas.

DETONANDO MITOS

Ansiedade é uma emoção "má". Você deveria ter como objetivo nunca mais sentir-se ansioso.

Isso é simplesmente impossível – ansiedade é uma emoção como tantas outras, essenciais para o modo como nosso cérebro funciona. A chave é aprender como, por que e quando a ansiedade pode ser tão problemática – e como evitar essas ciladas bem comuns.

1. Ansiedade ativada com muita frequência ou inadequadamente

Como vimos, quando exatamente a ansiedade é acionada é determinado pelas metas, crenças e planos que temos. Algumas dessas situações são compartilhadas por todos nós, como a meta de permanecermos vivos ou de proteger aqueles com os quais nos preocupamos. Mas temos também um conjunto completo de metas e crenças sobre o mundo, provenientes de nossas experiências enquanto crescíamos, ou características de nossa personalidade, ou apenas parte de quem somos. Enquanto crescíamos durante a infância e a adolescência, todos aprendemos algumas regras básicas sobre como o mundo funciona e como deveríamos nos comportar dentro desse mundo para ter sucesso. Essas experiências formam as regras e as crenças de acordo com as quais vivemos.

Para a maioria de nós, portanto, essas regras são precisas e úteis. Assim, constatações como "Se eu for desagradável com alguém, provavelmente essa pessoa não gostará de mim", nos levam a formar metas como "Devo sempre tentar ser agradável com as pessoas, se eu quiser que elas gostem de mim". Estas são algumas crenças e normas úteis para uma vida adulta de sucesso. Todavia, imagine se na sua infância ocorrem fatos difíceis de entender – digamos, conviver com um pai ou uma mãe irascível e imprevisível. Imagine uma criança que tenta fazer o seu melhor para nunca errar, para que seus pais não gritem com ela. Essa criança poderá crescer com uma regra que diz "Eu nunca deverei cometer um erro", uma vez que sua experiência lhe ensinou que cometer erros tem consequências extremamente desagradáveis. Imagine o que pode acontecer a essa criança quando crescer, tentando viver uma vida sem jamais cometer nenhum erro. O que crianças como estas encontrarão é que, toda vez que estiverem em uma situação em que cometeram um erro – ou possam apenas estar em vias de cometê-lo –, seu cérebro irá acionar a ansiedade.

Às vezes, nossas experiências passadas nos levam a estabelecer regras ou metas simplesmente impossíveis. Assim, poderíamos nos forçar, com muita dificuldade, a obter pleno êxito em tudo que fizéssemos; ou a fazer malabarismos com muitas e diversas responsabilidades, sem nunca tomar uma decisão errônea em nenhuma delas; ou ainda nos empenhar em nunca perder a calma com alguém de quem cuidamos. Em todos esses casos o problema é que nossa meta/regra simplesmente não é possível para um ser humano comum! Somos pessoas normais tentando viver segundo regras para superpessoas! Quando isso acontece, estamos nos expondo a muita ansiedade.

> Problemas podem ocorrer se você está tentando viver a vida de acordo com regras ou metas simplesmente impossíveis para um ser humano normal! Se está tentando viver segundo regras de superpessoas, está se expondo a muita ansiedade.

Emoções ecoantes

Lembra quando escrevi que a ansiedade pode ser ativada no momento em que algo que está acontecendo *agora* o faz recordar de alguma coisa significativa que aconteceu no passado? Emoções ecoantes são acionadas exatamente nessas circunstâncias: quando algo ocorrendo no presente reflete parte de alguma coisa que aconteceu numa época passada, há muito tempo. Se a experiência original foi traumática, seu cérebro é bastante hipersensitivo para sinais, de modo que poderia acontecer novamente – mesmo um som, ou um cheiro, ou um barulho similar poderá acioná-la.

Seu cérebro desencadeia uma emoção muito poderosa em reação ao que está acontecendo, muitas vezes totalmente desproporcional. Ele reage àquilo que aconteceu no *passado* em vez de reagir efetivamente ao que está acontecendo no presente, e esses *flashbacks* podem ser muito assustadores e debilitantes. Essas emoções – muitas vezes acompanhadas por lampejos de memória – podem tornar-se muito problemáticas e estão fortemente conectadas a algo chamado transtorno de estresse pós-traumático.

> Problemas podem ocorrer se você está tentando viver a vida de acordo com regras ou metas simplesmente impossíveis. Emoções ecoantes ocorrem quando algo no presente espelha – de alguma maneira – algo que aconteceu no passado, e seu cérebro aciona uma emoção para avisá-lo. A intensidade emocional é equiparada

> ao que aconteceu no passado, podendo ser totalmente desproporcional àquilo que está ocorrendo agora.
>
> Transtorno de estresse pós-traumático é um transtorno de ansiedade que se desenvolve depois que alguém experimenta ou testemunha um evento traumático. Os que dele padecem têm *flashbacks* de memória (ativados por visões, sons ou pensamentos que os lembrem daquilo que ocorreu), sintomas físicos de ansiedade e reações emocionais difíceis, que persistem por vários meses (e até anos) após o evento original.

Fobias

Por fim, existe evidentemente um exemplo bem mais comum de emoções impróprias. Isso ocorre quando um medo intenso está relacionado a algo que não é de fato ameaçador – fobias. Embora algumas fobias se desenvolvam devido a uma experiência traumática – sendo, assim, uma espécie de emoção ecoante –, outras não têm qualquer causa lógica. Milhares de pessoas sentem-se aterrorizadas por cobras, embora jamais tenham visto uma ao vivo! Outras, ainda, acreditam ter desenvolvido uma fobia por algo totalmente inofensivo, como botões ou pássaros. Na verdade, as fobias podem desenvolver-se a partir de quase tudo e são muitas vezes ilógicas. No capítulo 4, falaremos detalhadamente sobre como se desenvolvem.

2. Fogueiras de ansiedade

A segunda maneira de como a ansiedade pode tornar-se um problema é quando algo acontece em seu cérebro, fazendo-a *crescer*. Como suas emoções funcionam lembra o modo como se acende um fósforo. A chama acende, queima por um curto espaço de tempo necessário e se apaga. Algo significativo acontece e a ansiedade é acionada tal qual essa irrupção de chama. Sua atenção é capturada, você analisa o que está acontecendo e toma uma atitude que lhe parece necessária. Em seguida, a ansiedade se extingue tão rapidamente quanto irrompera. Todavia, geralmente aquilo que experimentamos não se assemelha a uma pequena chama. A ansiedade pode subsistir por um longo período ou até permanecer latente sem nenhum gatilho aparente. Nesse caso, não estaremos lidando com faíscas de ansiedade, porém com enormes fogueiras de ansiedade.

Lembre-se de que uma das funções da ansiedade é ativar seu pensamento, de modo que você possa analisar o que está ocorrendo. Fogueiras de ansiedade acontecem quando nos inclinamos a pensar de certas formas que, em vez de ser construtivas e, em primeiro lugar, nos ajudar a analisar a situação que acionou a ansiedade, a pioram. Esses padrões de pensamento ineficazes são como bolas de papel jogadas em nosso cérebro. Então, quando o fósforo da ansiedade é aceso, em vez de apagar, ele ateia fogo nessa enorme pilha de aparas. Segue um exemplo de como isso pode acontecer na vida real.

Davi é carteiro. Ele ama seu trabalho e se considera muito bom no que faz. Nunca cometeu um erro; trabalha duro para classificar a correspondência e deixá-la nos endereços certos, quando faz as entregas. Em seu percurso existem duas ruas com nomes similares, e uma empresa numa das ruas terá sérios problemas se sua correspondência for extraviada. Mas isso realmente não incomoda Davi – ele tem plena confiança de que na maioria das vezes a entrega corretamente.

Filipe também é carteiro. Mas, ao contrário de Davi, na realidade ele não gosta de seu trabalho; apenas o realiza porque perdeu outro trabalho que amava. Ele considera sua atividade atual difícil e, muitas vezes, gostaria de poder retornar ao antigo trabalho, o qual, segundo sua opinião, desempenhava bem melhor. Ele se preocupa muito com a possibilidade de cometer um erro pelo fato de não se concentrar. Na realidade, faz entregas em duas ruas com nomes similares, e, uma semana atrás, houve queixa de alguém que trabalha numa empresa em uma dessas ruas, dizendo não ter recebido uma correspondência realmente importante. Filipe não consegue livrar-se da sensação preocupante de que foi um erro seu. Trata-se do tipo de coisa que faria, e está certo de que, se até agora não fez nada de errado, ele em breve o fará.

Qual desses dois carteiros você acha ter mais chance de lutar contra a ansiedade? Na verdade, não sabemos qual dos dois é realmente melhor em seu trabalho, mas podemos claramente vaticinar quem irá considerar a ansiedade um problema. Isso é possível porque o modo de pensar de Filipe – e o que pensa de si próprio – denota que, quando a ansiedade for ativada, suas preocupações a transformarão em grandes fogueiras. Sua cabeça está cheia de aparas, e ele pode encontrar a ansiedade ardendo em fogo lento, embora, na verdade, não haja nada que possa deixá-lo ansioso.

> Fogueiras de ansiedade acontecem quando nos inclinamos a pensar de certas formas que, em vez de ser construtivas e, em primeiro lugar, nos ajudar a analisar a situação que ativou a ansiedade, a pioram. Esses padrões de pensamento ineficazes são como bolas de papel jogadas em nosso cérebro. Então, quando o fósforo da ansiedade é aceso, em vez de se apagar, ele ateia fogo nessa enorme pilha de aparas.

Se formos honestos, a maioria de nós admitirá que, por vezes, nos sentimos inclinados a esse tipo de fogo emocional. Todos estamos mais propensos a ter padrões de pensamento negativos quando estamos cansados ou estressados; mas, algumas vezes, isso se transforma em algo mais do que apenas um incômodo ocasional. Certas pessoas acham que estão presas em ciclos de pensamentos negativos, e isso é como combustível para fogueiras de ansiedade, de modo que elas nunca obtêm uma pausa. O cérebro delas está em constante atividade, movendo-se rapidamente de uma preocupação para outra. Alguns pensamentos negativos (falaremos de certos tipos comuns de pensamentos inúteis no capítulo 6) podem ativar novas centelhas de ansiedade, todas elas adicionadas ao incêndio que está acontecendo em sua cabeça. Pode ser bem difícil relacionar a ansiedade a uma causa clara e, às vezes, isso significa que se passa a ver a vida como opressiva e atemorizante. Chamas de ansiedade podem também rapidamente assumir o controle de sua vida.

3. O ciclo do pânico

A terceira maneira comum pela qual a ansiedade pode começar a criar problemas é, na verdade, causada por um aspecto principal da forma como a experimentamos – e isso determina, de fato, quão forte as sensações físicas que ela aciona podem ser. Todas as emoções mudam de alguma maneira como nos sentimos, mas a ansiedade, em especial, pode causar sensações que, no melhor dos casos, são desconfortáveis e, na pior das hipóteses, criam complicações físicas reais ou dão a impressão de ser bastante alarmantes.

Uma coisa é certa, o risco real no caso da ansiedade é o de algumas pessoas ficarem tão apavoradas com suas consequências físicas que, no momento que lhe percebem uma fagulha, pressentem as sensações se aproximando, o que por si só desencadeia várias outras fagulhas de medo. Evidentemente, isso torna seus sintomas ainda mais fortes, acionando mais medo ainda. É possível ver como tal situação pode rapidamente se transformar em um ciclo vicioso (ver figura 2.1).

Um homem que lutava contra dores de cabeça relacionadas com a ansiedade explicou seu caso desta forma: "O problema é que eu sei que essas dores de cabeça estão ligadas àquilo que estou pensando sobre elas. Se eu não me mantenho distraído, vejo-me preocupado em poder ter dor de cabeça. Essa preocupação inicia, então, a dor de cabeça, que por sua vez me deixa ainda mais preocupado, piorando a dor. Às vezes, penso que a única maneira de livrar-me das dores de cabeça seria retirar parte da minha memória que sabe que eu as terei!".

Figura 2.1: O ciclo do pânico

Ataques de pânico

Às vezes, esse ciclo de sintomas alimentando a ansiedade, que então alimenta as sensações físicas ainda mais, pode se acumular, significando que os sintomas se tornam genuinamente alarmantes. Isso pode levar ao que chamamos de ataque de pânico.

> Ataque de pânico é uma reação de medo intenso ou de ansiedade que surge rapidamente. Geralmente os sintomas físicos predominam e os que padecem disso muitas vezes temem estar sofrendo um ataque cardíaco.

Durante um ataque de pânico, as alterações hormonais ativadas pela ansiedade aceleram os batimentos cardíacos. A pessoa fica também mais ansiosa, sua respiração se altera, com intervalos mais curtos e superficiais. Isso quer dizer que os níveis de oxigênio e de dióxido de carbono em seu sangue modificam-se levemente, ativando sensações físicas inusitadas, tais como formigamento nos dedos e sensação de desmaio. Tensões nos músculos podem levar a dores (incluindo dores no peito) e, como o sistema digestório paralisa-se, algumas pessoas sentem-se doentes, ou ficam com dor de estômago ou diarreia. Como se tudo isso não bastasse, frequente e compreensivelmente ficam aterrorizadas, pensando que seus sintomas são causados por algo mais grave – ou que poderão desencadear algo mais grave, como um ataque cardíaco. Um ataque de pânico pode parecer bastante dramático: não é incomum as pessoas serem levadas ao hospital por transeuntes ou pela família, preocupada em pedir ajuda de emergência.

FATO FASCINANTE

Respirar dentro de um saco de papel pode realmente ajudar a acalmar um ataque de pânico! A razão disso é que inalar o ar que você acabou de exalar evita que perca tanto dióxido de carbono, diminuindo, assim, os sintomas estranhos causados por CO_2 baixo. Muitas vezes isso ajuda as pessoas a começarem a se sentir mais calmas, ao se darem conta de que a situação não está tão fora de controle como haviam imaginado. Entretanto, qualquer exercício de relaxamento ou apenas passar a pensar em coisas mais tranquilas e respirar fundo e devagar também ajuda – e poderá ser mais fácil do que correr por aí à procura de um saco de papel.

• •

Fisicamente, ataques de pânico costumam ser inofensivos, embora você deva sempre procurar um médico se nunca teve um anteriormente, apenas para acalmá-lo e assegurar que não há nada mais sério acontecendo. O risco real de ataques de pânico é o impacto que podem ter sobre sua vida. Se você já passou por um, a próxima vez que estiver em circunstâncias similares ou sentir as faíscas de ansiedade, será bem difícil não ficar apavorado, achando que a mesma coisa acontecerá novamente. E, obviamente, esse medo poderá então ativar um ataque de pânico... e você estará no mesmo ciclo outra vez. Caso esteja preso no ciclo de pânico, é muito importante quebrar o padrão – o ideal é antes de ele se tornar poderoso demais. Mas lembre-se: não importa quão apavorantes sejam esses sintomas. Você pode controlá-los – e eles não são tão ruins quanto parecem.

Agora é com você!

O risco da ansiedade não é tanto sobre o que ela pode ocasionar a você, mas sim sobre o que você pode fazer ou não como resultado. Então, como sua ansiedade o afetou? Há coisas que agora você não faz por causa da sua ansiedade? Ela já o impediu de aproveitar uma oportunidade ou de ser capaz de fazer algo que realmente queria fazer?

Eis mais algumas questões para ajudá-lo a pensar sobre o impacto que a ansiedade lhe causa:
- O que seus amigos e sua família diriam se lhes fosse perguntado que impacto a ansiedade tem sobre você?
- Se você tivesse uma varinha mágica e pudesse mudar qualquer coisa no mundo que atualmente está sendo afetada por sua ansiedade, o que seria?

3
QUANDO AQUILO QUE FAZEMOS PIORA A SITUAÇÃO

PARTE 1. IGNORANDO OU TENTANDO EVITAR A ANSIEDADE

Até agora, vimos a finalidade da ansiedade quando funciona adequadamente, e vimos também algumas formas pelas quais ela pode tornar-se um problema. Todavia, temos que compreender mais dois fatores muito importantes que podem aumentar a ansiedade e deixá-la fora de controle. Ambos os fatores são sobre o modo como respondemos à ansiedade – coisas que fazemos porque achamos que ajudam, mas que, na verdade, tornam as coisas piores.

> Observe o que você faz! O modo como responde à ansiedade pode ser uma parte significativa para desenvolver um problema de ansiedade...

A ansiedade é destinada a ser uma emoção aversiva, isto é, ela é programada para ser desagradável e realmente eficaz para chamar sua atenção. Não importa que sentimentos ou sensações você anotou no capítulo 1, quando refletiu sobre como sente a ansiedade; o provável é que se trate de experiências que você não achou muito prazerosas. A ansiedade é uma emoção bastante física, e temos a tendência intrínseca de tentar evitar que ela aconteça. Mas isso pode levar-nos a reagir de maneira ineficaz.

Tentando ignorar a ansiedade

Talvez a coisa mais usual que fazemos seja tentar ignorar a ansiedade, ou subestimá-la e reprimi-la, esperando que vá embora. É algo que realizamos com frequência com sentimentos que não entendemos, ou quando não temos certeza do que fazer com eles. Às vezes, isso funciona: distrair-nos de alguns sentimentos pode ajudar a melhorar nosso humor e mudar nossa perspectiva. Todavia, o problema com a ansiedade é que sua principal tarefa é *fazer* com que prestemos atenção a alguma coisa. Pense nela como sendo uma criança pequena que quer que você a ouça. O que acontece se ignoramos uma criança pequena e esperamos que ela vá embora? Ela vai? Não, ela fala mais alto, fica mais insistente e irritante, até que lhe demos alguma atenção! A ansiedade é bem parecida. Ansiedade reprimida não evapora simplesmente – ela permanece latente, ardendo debaixo da superfície. E tal como uma grande fogueira que não foi apagada de modo adequado, a ansiedade pode voltar a queimar sem avisar. Muitas vezes isso ocorre quando estamos vulneráveis – cansados, sozinhos ou estressados. É extremamente difícil lidar com a ansiedade latente, pois está muito afastada do que originalmente a causou, sendo algo bastante incontrolável e irracional. Isso pode resultar em um constante sentimento de baixo nível de ansiedade – chamado de "transtorno de ansiedade generalizada" –, bastante desagradável.

DETONANDO MITOS

Ansiedade é apenas um sinal de fraqueza. Você deveria simplesmente ignorá-la e seguir em frente.

Falso! A ansiedade existe por uma determinada razão. Simplesmente ignorá-la não fará com que se vá. Se você sente-se ansioso, precisa buscar a raiz disso e descobrir por que se tornou um problema tão grande.

Evitando coisas ou fugindo

A segunda maneira pela qual nossas ações pioram a ansiedade é quando começamos a evitar a coisa ou coisas que nos amedrontam. Esta é uma parte importante para entender como a ansiedade aumenta!

Pense no exemplo a seguir. Uma criança tem uma experiência ruim quando um cachorro da vizinhança pula nela e late próximo a seu rosto. Isso é uma coisa bem assustadora, se acontecesse com qualquer pessoa, especialmente quando o cão é tão grande quanto você. Na próxima vez que essa criança vir o cachorro do vizinho, como você acha que vai reagir? Provavelmente fugindo do cão desabaladamente, ou chorando, ou se escondendo dele. Ela possivelmente atravessaria a rua em vez de arriscar a passar pelo cachorro andando na calçada.

No capítulo anterior, vimos as três maneiras pelas quais a ansiedade pode aumentar e tornar-se difícil de lidar: estímulos repetitivos à ansiedade; pensamentos e preocupações que transformam pequenas faíscas em grandes fogueiras; o terror do que possa acontecer se a ansiedade levar a melhor sobre você e das consequências físicas de toda essa emoção – tudo isso pode desenvolver-se rapidamente. E nosso cérebro é muito bom em armazenar e lembrar episódios em que nos sentimos bastante ansiosos – muitas vezes sem qualquer relação particular com o que realmente aconteceu no final. Na verdade, a ansiedade pode causar algo quase como um elo físico entre a parte de nosso cérebro que registra o detalhe daquela *experiência* – onde estávamos, o que estávamos fazendo, como estávamos nos sentindo – e a parte de nosso cérebro que armazena a memória do que aconteceu como resultado disso.

> A ansiedade é destinada a ser uma emoção aversiva, isto é, ela é programada para ser desagradável e realmente eficaz para chamar sua atenção.

Medo de algo que você tenha experimentado

Então, como isso funciona na prática e como influencia nossa reação? Digamos que você está tão infeliz por ter tido uma experiência ruim em um teste a ponto de sua ansiedade se tornar esmagadora, provocando-lhe uma reação – você sai correndo, ou vomita, ou simplesmente arruma uma confusão em relação ao teste. Na próxima vez que tentar fazer um teste, seu cérebro imediatamente conectará essa situação à memória do que aconteceu na última vez. É quase como se, no momento em que você entra nessa situação, essa pequena porção de sua memória se acendesse, começando a piscar e a bipar um som de aviso. Tudo em seu cérebro está lhe dizendo para sair dessa situação, para impedir que a mesma coisa aconteça novamente.

Assim, é bastante compreensível que, para a maioria de nós, nossa primeira reação diante de alguma coisa que consideramos assustadora é evitá-la da próxima vez que acontecer. Muitas crianças já viveram a experiência de segurar um lindo balão e ele de repente estourar. O barulho intenso e o desaparecimento repentino do brinquedo é algo bem traumático, quando você tem apenas poucos anos de idade! Não é incomum que da próxima vez que lhes seja oferecido um balão, as crianças fiquem com medo e, ainda mais significativo, tentem se esconder – enterrando a cabeça no ombro da mãe ou do pai – ou empurrem o balão para bem longe (além de gritar alto para expressar seu desconforto com a situação). Se nos depararmos com alguma coisa que quase nos mata de susto, a maioria de nós vai tentar evitá-la da próxima vez. Isso é especialmente verdadeiro se a experiência anterior foi muito traumática, seja porque algo ruim aconteceu de verdade, seja porque nos deu a sensação de ser algo bem desagradável.

Medo de algo que você não experimentou pessoalmente

Algumas vezes, nem é preciso ter vivido pessoalmente a experiência para sentir seus instintos lhe dizerem para evitar algo. Quantos de nós, nos dias, semanas, meses e até anos após a tragédia de 11 de setembro, não embarcamos em um avião e de repente tivemos de lutar contra a sensação real de ansiedade e preocupação por ter de fazê-lo? Um homem com o qual conversei resumiu a situação de forma perfeita: "É algo que tenho feito toda semana, anos a fio – eu viajo muito de avião e geralmente o faço sem pensar duas vezes. Mas depois do ataque terrorista às torres gêmeas eu me sinto realmente ansioso. Frequentemente durmo mal na noite anterior a um voo e fico bastante apreensivo durante o processo de *check-in*. Fico muito tenso e observo os outros passageiros com toda cautela. Mesmo já estando no ar, simplesmente não consigo relaxar. É como se cada parte de mim me dissesse que o pior poderia acontecer".

Muitas fobias comuns estão relacionadas a situações em que, às vezes, realmente acontecem acidentes horrendos ou tragédias, aos quais é dado enorme destaque na mídia e que ficam cravados na mente. Voar deixa muitas pessoas extremamente nervosas, embora seja um dos meios mais seguros de viajar – estatisticamente, dirigir é *bem mais* arriscado, mas fazemos isso diariamente sem pensar duas vezes! Seu cérebro liga aquela circunstância a um resultado ruim – mesmo não tendo acontecido com você – e, dessa forma, se você se encontra nessa situação, ou mesmo apenas pensa sobre ela, automaticamente seu cérebro "acende" a área que arquiva a informação sobre o pior cenário possível, direcionando a uma resposta de ansiedade. Isso pode deixá-lo bem menos entusiasmado para voar (ou o que quer que seja que o deixe ansioso). Assim, você começa a evitar aquilo que parece provocar ansiedade.

Por que evitar coisas que não funcionam

O problema de evitar aquilo que nos assusta é *pensar* que somente isso pode controlar nosso medo. Ao evitar a coisa assustadora, não nos assustamos, de modo que nossa ansiedade está controlada. É uma resposta instintiva e em certas situações é um bom plano – quando evitamos leões, por exemplo. Mas e se você teve apenas uma experiência ruim? E se foi apenas má sorte ou uma coisa isolada, pontual? Assim, a garota que vomitou em um teste o fez porque estava com o estômago embrulhado, o sujeito que sofreu uma terrível batida de carro estava simplesmente no lugar errado no momento errado e, de fato, quedas de aviões são *realmente* raras. Quando começamos a evitar a coisa da qual temos medo, deslizamos para dentro da armadilha de acreditar que podemos controlar as possibilidades de aquela coisa ruim acontecer novamente, uma vez que estamos evitando a situação que acreditamos ser arriscada. O problema é que a conclusão natural dessa crença é, se *não* evitamos o que quer que seja, *a coisa ruim quase com certeza acontecerá novamente.* O único modo de impedir isso é que nós a evitemos.

Considere a ansiedade como um alarme de fumaça. Ela é acionada para avisá-lo de que algo necessita ser verificado porque *pode* ser importante. Seu cérebro lhe comunica que algo ocorrendo em seu entorno *pode* ameaçar uma meta, não que a meta esteja *definitivamente* ameaçada. Um dos papéis da ansiedade é acionar sua capacidade de análise para identificar se realmente existe um problema e se você precisa fazer algo. A ansiedade não é um sinal de condenação definitiva; é um aviso de que algo *pode* requerer atenção – assim como um alarme de fumaça. Pense nisso. Quantas vezes seu alarme de fumaça foi disparado? Quantas vezes havia realmente um incêndio? Da mesma forma como com o alarme de fumaça, na maioria das vezes tudo o que temos de fazer é verificar se as coisas estão em ordem, e então podemos seguir adiante.

A ansiedade é como um alarme de fumaça. Ela nos avisa de que alguma coisa significativa *pode* estar acontecendo, de modo que possamos verificá-la. Não significa que definitivamente está ocorrendo um incêndio.

4
QUANDO AQUILO QUE FAZEMOS PIORA A SITUAÇÃO

PARTE 2. COMO AS FOBIAS SE DESENVOLVEM

Agora que entendemos que evitar aquilo que nos torna ansiosos pode piorar a ansiedade, podemos começar a ver como ansiedades sérias se desenvolvem e crescem. Quando passamos a evitar algo, o que fizemos foi começar a tratar a ansiedade como se significasse que definitivamente há um problema. É um pouco como assumir que toda vez que o alarme de fumaça é disparado, definitivamente, há fogo. Mesmo que saibamos que incêndios são raros, reagimos como se devesse haver um toda vez que o alarme dispara.

Isso fortalece em nosso cérebro o elo entre o que estamos evitando e aquilo ruim que tememos. Assim, a criança que teve uma experiência desagradável com o cachorro sente-se ansiosa quando vê um cão, porque seu cérebro associa cachorros àquela experiência traumática que viveu, isto é, ao pior cenário possível: que o cachorro pulará nela e irá latir.

Mas então, tão logo ela comece a evitar cães, nunca terá a experiência de encontrar um cachorro que *não* pule sobre ela, fortalecendo sua crença de que cães *sempre* pularão nela, e a única maneira de controlar a situação é evitá-los. Isso quer dizer que a próxima vez que ela dobrar uma esquina e de repente houver um cachorro lá, seu medo será mais forte – ela *precisa* evitar cães, pois, se não o fizer, aquilo que a apavora quase com certeza vai acontecer!

Figura 4.1: Como as fobias se desenvolvem

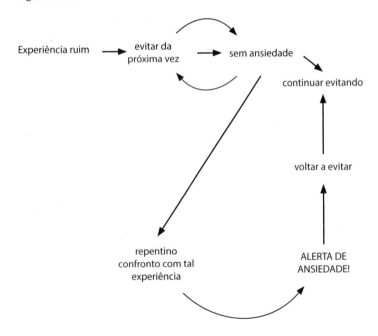

O que estou descrevendo aqui é o desenvolvimento clássico de uma fobia (veja figura 4.1). Fobias são reações extremas de ansiedade em relação a uma coisa específica, e elas se desenvolvem exatamente assim. Pode ter havido ou não uma espécie de experiência traumática inicial. Mas é a decisão de tentar evitá-la que aciona o medo que, na verdade, faz a ansiedade aumentar, e, a partir desse ponto, as probabilidades são de que a ansiedade continuará aumentando.

A ansiedade se propaga

Imagine que você é tão azarado que, um dia, fica preso em um elevador. De modo inesperado, você se pega muito ansioso em relação às próximas poucas vezes em que terá de entrar em um elevador. Assim, para não sentir esse medo, começa a evitá-los. Afinal de contas, existem também escadas, e você pode até pensar sobre os benefícios a sua saúde subindo os degraus ao invés de pegar o elevador, considerando isso uma coisa boa. Contudo, com o passar do tempo, ao evitar os elevadores, seu medo deles cresce. Toda vez que entra em um, você tem absoluta certeza de que ficará preso. Pensamentos de pânico enchem sua mente, seu coração acelera e você transpira sem parar durante todo o percurso e naqueles momentos infindáveis entre a parada do elevador e as portas finalmente se abrindo. Por fim, você não consegue permanecer em um elevador por mais de uma ou duas paradas, e frequentemente sai correndo, sentindo-se possuído pelo pânico. Não demora muito e você fica quase impossibilitado de entrar em elevadores. A vida é planejada em torno de evitá-los: usando estacionamentos que tenham acesso por escadas, não ficando em hotéis grandes e sempre encontrando as escadas de emergência em qualquer lugar aonde vá.

A ansiedade não somente aumenta: ao passar a evitar situações, ela se alastra. A história acima, na realidade, aconteceu comigo, quando fiquei presa em um elevador quando criança. Na época em que comecei a faculdade de medicina, aos dezoito anos, eu quase não conseguia mais entrar em elevadores. Isso era bastante complicado – especialmente trabalhando em um hospital movimentado, de seis andares (eu entrei em forma!). De fato, a pior coisa a respeito de minha fobia era que eu conseguia vê-la se alastrar. Passei a me sentir apavorada em outras situações que me lembrassem daquele aspecto de entrar em um elevador que eu mais odiava: não ser capaz de fugir e sentir-me presa em uma armadilha. Eu comecei a ter pavor de voar (eu odiava aquele momento em que as portas eram fechadas), de entrar no subsolo (olhar para fora da janela e enxergar apenas tudo preto), e até achava difícil sentar no meio de uma fileira de poltronas no cinema (como eu poderia sair, se eu precisasse?). Eu podia ver a ansiedade começando a tomar conta da minha vida, caso eu não fizesse alguma coisa a respeito.

Ansiedade é como um incêndio florestal: não fica parada em um lugar. Uma vez que você começa a fugir dela, ela cresce e se alastra. É fácil demais acabar encurralado em um canto com uma lista de coisas que você está evitando, ao desesperadamente tentar fazer com que a ansiedade vá embora. Algumas pessoas acabam ficando presas em casa, paralisadas pela ansiedade.

> Alguma vez, quando criança, você fez aquela brincadeira em que alguém o perseguia escada acima? De alguma maneira, embora você soubesse que se tratava apenas de uma brincadeira, mesmo assim dava medo quando o perseguiam! Qualquer coisa pode ser assustadora quando você foge dela. O truque com a ansiedade é você virar-se e encará-la. É bem menos assustadora quando você a enfrenta do que quando ela o está encurralando.

Felizmente para mim, naquela altura eu podia entender a maneira como minha ansiedade aumentava. Eu fui capaz de praticar em mim mesma e tentar trabalhar através da minha própria fobia. Devagar, passo a passo, eu a superei. Veremos como abordar isso no capítulo 5. Mas é muito importante entender por que evitar coisas que o amedrontam pode piorar as coisas. É muito fácil que a ansiedade o empurre de volta para um canto. Num momento você está no controle, no outro, a ansiedade controla você.

Agora é com você!

O que desencadeia sua ansiedade?

Pense sobre as principais situações que desencadeiam sua ansiedade. Podem acontecer em casa, na escola/faculdade, no trabalho, por meio de objetos, lugares ou pessoas. Faça uma lista.

Você é capaz de pensar em um exemplo específico recente para cada uma delas – um momento no qual você se defrontou com a situação que desencadeia sua ansiedade – e descrevê-lo em um breve resumo?

Em cada situação, pense sobre o que você fez para ajudar a lidar com a sua ansiedade. Já tentou evitar situações que a desencadeiam?

Qual o impacto de evitar tais situações sobre sua ansiedade? Você mudou de ideia sobre isso ao ler este capítulo?

• •

5
A LINHA DA ANSIEDADE

Agora que temos uma compreensão básica de como a ansiedade funciona e exatamente como pode vir a apropriar-se da nossa vida, precisamos passar a enxergar como retomaremos o controle.

A primeira coisa a dizer antes de começar é que não é fácil. Isso pode soar desanimador, mas é importante ser realista. Provavelmente você se sinta bastante ansioso com a perspectiva de começar a desafiar sua ansiedade. Pode ter passado muitos anos de sua vida evitando situações ou fugindo de sua ansiedade, e vamos começar a mudar as coisas – por isso, não se preocupe se achá-las difíceis e a princípio não se adaptar a elas. Você pode muito bem pensar que precisará de algum apoio; não tenha medo de discutir aquilo que leu nestes capítulos com um amigo ou com alguém próximo a você.

A boa notícia é que a ansiedade é um pouco parecida com um cão bem pequeno com um latido muito forte – parece pior do que é na realidade! A maior parte da força da ansiedade reside no fato de ela nos manter tão apavorados que nunca a enfrentamos. Da mesma maneira que, acabando de atravessar o portão, você se deu conta de que o cachorro, cujo latido era tão aterrorizante, na realidade tinha apenas dez centímetros de altura, a ansiedade frequentemente começa a diminuir bem rápido assim que você se conscientiza de que pode ter muito mais controle sobre ela do que pensava. Isso quer dizer que, uma vez tendo começado, pode não ser tão difícil quanto você imaginava.

Mesmo assim, vamos lidar desde já com um equívoco: não importa quão bem faça estes exercícios, você nunca erradicará a ansiedade de sua vida. Todavia, ela não terá o mesmo poder, pois você será capaz de voltar para o momento no qual a ansiedade *supostamente* funcione. A chave para controlar bem a ansiedade é aprender como não temê-la e vê-la como aquilo que realmente é: um sinal de alerta que deve estimulá-lo a verificar alguma coisa. Lembre-se, o alarme de fumaça sendo disparado não quer dizer que haja um incêndio. Na maioria das vezes, tudo que você deve fazer é verificá-lo e em seguida pressionar o botão de reiniciar.

Qual a sensação de ansiedade para você?

A fim de lidar melhor com a ansiedade, a primeira coisa a fazer é tornar-se mais consciente do que seja e qual a sensação que ela lhe causa. Frequentemente, pessoas que lutam contra a ansiedade adquirem o hábito de reprimi-la e tentar ignorá-la, pois não sabem o que fazer com ela. Somente se dão conta da ansiedade quando ela já começou a aumentar.

A melhor maneira de aprimorar suas habilidades de conscientização é passar a anotar com exatidão qual é a sensação de ansiedade para você em diferentes níveis. Quais são os sinais e os sintomas que consegue selecionar para identificar que você se encontra com níveis baixos de ansiedade? E como mudam à medida que você começa a ficar cada vez mais ansioso? Pense em seu nível de ansiedade como uma linha que vai de zero a dez, sendo zero quando você não sente nenhuma ansiedade e está totalmente calmo, e dez ao estar o mais ansioso que possa imaginar, sem que sua cabeça exploda. Você consegue lembrar épocas em que ficou ansioso em diferentes níveis ao longo da linha?

• •
Agora é com você!

Mapeando a própria "linha de ansiedade"

Este exercício vai ajudá-lo a se tornar mais consciente de sua própria linha de ansiedade e a saber exatamente como sente os diferentes níveis de ansiedade. Pegue uma folha de papel e trace uma linha, marcando 0 em uma ponta e 10 na outra, como mostrado abaixo. A folha de papel deve ser grande o suficiente para que você possa fazer algumas anotações na linha, em dado momento.

0_____10

Agora, pense na última vez em que se sentiu realmente ansioso. Você consegue lembrar-se de quando foi isso? Pense no que estava acontecendo. Talvez queira anotar alguns dos detalhes. Onde nesta linha você diria que sua experiência se encaixa? Você pode dar-lhe uma nota, ou talvez marcá-la na linha que traçou?

Agora pense em como se sentiu naquele tempo. Pense sobre como se sentiu fisicamente. Havia certos pensamentos correndo pela sua cabeça? Anote-os na linha, onde você sinta que essa experiência se deu.

• •

Segue abaixo um exemplo da linha de ansiedade de uma pessoa que chamaremos de Janete. Janete estava lutando geralmente com alta ansiedade e muitas vezes ela relatou que não sabia de onde vinha. Sua ansiedade, repetidas vezes, a dominava por completo e ela teve que afastar-se muitas vezes do trabalho por causa do estresse a que essa ansiedade a submetia.

A última vez em que me senti ansiosa: "Eu estava atrasada para um encontro de trabalho e presa no trânsito. Eu estava realmente ansiosa sobre o que poderia acontecer se eu perdesse o encontro".

Nota/lugar na linha: "Foi bastante alta. Eu diria oito".

Como eu me sentia naquele momento? "Eu me sentia a ponto de explodir. Minha cabeça estava a mil. Eu me sentia verdadeiramente no limite e não conseguia concentrar-me no rádio, que eu ligara tentando me acalmar. Continuei tentando pensar em algo que eu pudesse fazer para sair do trânsito. Simplesmente não conseguia pensar em nada, mas os pensamentos continuavam a atravessar a minha mente da mesma maneira. Comecei também a imaginar que eu desejava não ter esse emprego. Pensei em simplesmente sair correndo e nunca mais voltar. Fisicamente eu me sentia doente, eu sei disso. Eu estava realmente agitada, tamborilando os dedos no volante, enervada, e até afoguei o motor porque meu pé escorregou da embreagem. Eu podia sentir uma terrível dor de cabeça se aproximando – sentia minha cabeça pressionada, como se uma faixa estivesse sendo apertada em volta da minha testa. Eu respirava rapidamente também, e meu coração estava de fato palpitando. Por sorte, o trânsito melhorou naquele momento, pois eu acho que, caso contrário, eu teria tido um ataque de pânico alarmante."

8 – Sente-se muito ansiosa.
Não conseque concentrar-se.
Pensamentos atravessam sua mente, fora de controle.
Pensa em escapar e sair correndo.

0_____X_____10

Sente-se doente. Muito nervosa. Coração palpitando. Dor de cabeça começa a aparecer.

Como isso se compara à sua própria linha de ansiedade? Lembre-se de que cada pessoa é diferente – a questão aqui é para que você entenda como a ansiedade é sentida por *você*. Uma vez que você compreenda como sentimos um determinado nível de ansiedade, precisa tentar colocar tantos pontos quanto possíveis nessa linha. Assim, para a maioria das pessoas, o primeiro exemplo no qual pensarão será bastante elevado – provavelmente acima de cinco. Você consegue pensar em exemplos quando sentiu um nível de ansiedade um pouco mais baixo? Janete continua adicionando outra marca em sua linha, quando ela pensa sobre como usualmente se sente em seu trabalho.

> "Eu gosto do meu trabalho, mas eu o acho muito estressante, porque meu chefe é muito impaciente e pode ser realmente irritante. Estou sempre com medo de ter feito algo errado, ou de que ele não goste do que eu fiz. Quando estou no trabalho, sempre me sinto um pouco ansiosa. Se nada em especial aconteceu para piorar algo, eu geralmente me sinto em torno do nível três na linha. Eu não me sinto tão mal quanto no nível oito, como no outro exemplo. Mas ainda me sinto um pouco doente, ou como se meu estômago estivesse agitado. Com bastante frequência tenho dores de estômago, que eu acredito ser por causa da ansiedade. Eu consigo me concentrar bem, mas sinto-me quase no limite e sou facilmente atemorizada pelas coisas. E não estou totalmente atenta – se alguém me conta

uma piada, digamos, eu não capto de primeira, pois simplesmente não estou ali para achar as coisas engraçadas. Sinto-me bem tensa e muitas vezes eu tenho dores de cabeça ao final do dia. No que se refere aos pensamentos, penso coisas como 'espero ter feito isso corretamente', ou 'espero que ele não se irrite comigo'. E quando ouço a porta dele se abrir, imediatamente sinto uma pontada pânico, mesmo que ele esteja apenas saindo para um encontro ou algo assim."

3 – Sente-se no limite.
Leve sensação de mal-estar,
estômago agitado
e frequentes dores de estômago.
Facilmente atemorizada.

8 – Sente-se muito ansiosa.
Não consegue concentrar-se.
Pensamentos atravessando sua mente, fora de controle. Pensa em escapar e sair correndo.

0_____X_____X_____10

Tem dificuldade de sorrir ou
achar as coisas engraçadas.
Pensamentos preocupantes
são comuns.

Sente-se doente.
Muito nervosa.
Coração palpitando.
Dor de cabeça começa
a aparecer.

Mapeando níveis mais baixos de ansiedade

A metade inferior dessa linha é geralmente a mais difícil de preencher porque muitas vezes as pessoas se tornam tão boas em reprimir ou ignorar sua ansiedade que apenas a notam quando ultrapassa o nível cinco. Se você faz isso, poderá ter a sensação de que a ansiedade o arremessa diretamente para o fundo do poço, quando será bem difícil fazer algo para ajudar a si mesmo. Para ajudá-las a se acalmar, algumas pessoas tentam praticar exercícios ou técnicas de relaxamento, mas acabam achando que simplesmente não funcionam. Mas tentar esses recursos pela primeira vez quando você está no nível oito ou nove é um pouco como aprender a mergulhar começando do trampolim mais alto – está destinado a dar uma barrigada na água! Em vez disso, você precisa praticar em alguns dos níveis mais baixos e então subir paulatinamente a partir daí.

De início pode parecer que você simplesmente não passa através dos níveis anteriores, mas se praticar vai tornar-se mais consciente de seus níveis de ansiedade de segundo plano, começará a notar como sua ansiedade cresce gradualmente. Assim, ao pensar nos momentos em que sentiu níveis mais baixos de ansiedade, Janete começa a ter uma ideia da sensação que tem quando se encontra nessa zona. Isto significa que, da próxima vez em que ela se sentir novamente assim, tem mais chance de notá-lo – e probabilidade maior de ser capaz de fazer algo a respeito de sua ansiedade antes que aumente e se torne esmagadora.

• •
Agora é com você!

Qual o nível mais baixo de ansiedade de que você lembra ter tido consciência? Você consegue pensar em alguns exemplos de nível um ou dois? Qual a sensação que eles causam? Anote em sua tabela, caso consiga lembrar-se de quaisquer exemplos. Do contrário, pense sobre isso durante as próximas semanas – você poderá notar coisas que não tinha percebido anteriormente!

• •

DETONANDO MITOS

Ansiedade é como um interruptor liga/desliga – ou você está ansioso ou não.

Existem muitos níveis de ansiedade. Aprender a identificar os níveis mais baixos, de modo que você possa entrar em ação antes que ela se torne esmagadora, é um passo fundamental para superá-la.

Sequestro emocional

Existe outra razão para a importância de aprender a identificar os níveis anteriores da ansiedade. Quando ficamos realmente ansiosos, pode ocorrer algo chamado "sequestro emocional".[1] Essa expressão descreve o que acontece quando nosso cérebro dispara altos níveis de emoções, tais como ansiedade e raiva. Uma vez que tais emoções fortes podem indicar perigo realmente urgente, é possível que nosso cérebro ignore a parte pensante do córtex e dispare uma resposta imediata. Isso significa que, quando você se encontra sob

---

[1] Este termo foi utilizado pela primeira vez no livro *Inteligência emocional*, de Daniel Goldman.

ansiedade extrema, achará muito mais difícil controlar suas reações. A essa altura, tentar fazer algo construtivo é muito difícil. É um pouco como um caminho sem volta – eu o chamo de zona de pânico. Todos somos diferentes, mas geralmente tal situação acontece em torno dos níveis oito ou nove. Janete, em nosso exemplo, admitiu que se sentiu à beira de um ataque de pânico. É realmente importante que você aprenda a identificar a ansiedade antes que ela chegue tão longe, de modo que possa fazer algo para ajudar-se antes de entrar na zona de pânico.

> Sequestro emocional acontece em emergências, ou quando a ansiedade desencadeada é muito forte, e seu cérebro ignora a análise do que está acontecendo e provoca uma reação. Assim, você foge antes de pensar se é realmente isso que quer fazer.

Pense nisso como sendo um rio. A ansiedade geralmente começa como pequenos riachos – coisas que estão acontecendo à sua volta e desencadeiam níveis baixos de ansiedade. À medida que crescem, esses riachos se unem e formam um rio. Quanto mais córregos afluem, mais largo, mais rápido e mais profundo o rio se torna. Você poderia atravessar um desses pequenos córregos sem muitos problemas, mas se tentasse cruzar o rio, arriscaria a ser arrastado pela correnteza. Às vezes, a ansiedade continua a se desenvolver, até que conduza ao pânico. Isso se assemelha ao seu rio aproximando-se de uma cachoeira. Você não consegue remar para longe de problemas, quando está prestes a cair de uma cachoeira – a correnteza é forte demais. Você precisa começar a mudar de direção antes de chegar a esse ponto.

••••••••••••••••••••••••••••••••
Agora é com você!

Onde fica a sua zona de pânico?

Olhando em sua linha de ansiedade, existe um ponto no qual você sabe que começa a agir ou a pensar menos racionalmente? Existe um ponto além do qual você acharia difícil fazer qualquer coisa construtiva ou pensar direito?

••••••••••••••••••••••••••••••••

Durante as próximas duas semanas, continue trabalhando em preencher a sua linha. Reflita sobre as questões levantadas neste capítulo. Você tem um ponto sem retorno, ou zona de pânico, e onde fica na linha? Em que nível na linha você geralmente percebe que está se sentindo ansioso? Houve momentos em que experimentou ansiedade de baixo nível e não a chamou assim, ou nem a notou? Você tende a reprimir a ansiedade e somente se dá conta dela quando já está bem alta na linha? Você consegue começar a praticar para que fique consciente de níveis mais baixos de ansiedade? Vale a pena perguntar-se também várias vezes durante o dia: onde me encontro na linha agora e como me sinto? Pratique o reconhecimento de seu nível de ansiedade e adicione na linha, se você tem consciência de mais detalhes.

6
UMA RÁPIDA AULA SOBRE RELAXAMENTO

Neste ponto, você deve ter começado a sentir-se mais consciente de sua ansiedade, e pode também ter melhorado em perceber períodos nos quais se sente ansioso. Mas o que você pode fazer nesses momentos para tentar abaixar seus níveis de ansiedade? Se você percebe que está começando a ser arrastado por um rio de ansiedade – que seu nível de ansiedade está subindo e chegando perigosamente perto da zona de pânico –, o que faz? Ou se você está emperrado em um baixo nível de ansiedade latente do qual simplesmente não consegue se livrar, como o supera?

Este capítulo é sobre o antídoto da ansiedade – o relaxamento. Se você imagina que cada faísca ou chama de ansiedade o move ainda mais para cima na linha da ansiedade, em direção ao dez, relaxamento é o que o trará de volta para baixo, em direção ao zero. Ele é o seu extintor de incêndio da ansiedade!

Claro que não é tão simples assim. Durante o decurso de um dia normal, nossos níveis de estresse e ansiedade sobem e descem naturalmente, de acordo com o que estejamos fazendo. Se o seu dia tem equilíbrio suficiente, em geral você deveria ficar no mesmo nível – algo perto do marco zero da linha. Mas se está lutando contra a ansiedade, isto significa que há um desequilíbrio – coisas demais o estão empurrando linha acima. Ou você pode achar que uma situação altamente provocativa de ansiedade de repente o empurra diretamente para o topo da linha. Quando isso acontece, uma parte fundamental para gerenciar a ansiedade é aprender o que você pode fazer para levar as coisas de volta à normalidade.

> Relaxamento é o seu extintor de incêndio da ansiedade!

O que é exatamente relaxamento?

Relaxamento é muito mais do que apenas controlar os pensamentos e as preocupações que abastecem a ansiedade. Trata-se de relaxar fisicamente e de abaixar os níveis de hormônios e outras substâncias químicas que inundaram seu corpo como parte da resposta à ansiedade ou ao estresse. A maioria das pessoas pensa que relaxamento é algo que acontece naturalmente – para outras pessoas! Poucos de nós acham fácil relaxar, porém presumimos que outras pessoas o considerem assim. Claro que a verdade é que relaxamento é difícil para qualquer um e muitas vezes é algo que precisamos aprender.

Há duas coisas que devemos lembrar sobre relaxamento. A primeira é a importância de introduzi-lo em sua vida diária. Isso é ainda mais relevante se você tem uma rotina muito estressante ou se é muito exigente consigo mesmo. O estresse aciona o mesmo sistema fisiológico que a ansiedade; assim, se o seu nível de estresse é muito alto, a probabilidade de você desencadear a ansiedade é alta também. Programar regularmente atividades de relaxamento em sua vida ajuda a manter os níveis de estresse baixos.

> É importante introduzir o relaxamento em sua vida diária. Isso é ainda mais relevante se você tem uma rotina muito estressante ou se é muito exigente consigo mesmo.

A segunda coisa essencial ao combater o problema de ansiedade é você encontrar uma técnica para relaxar e acalmar-se no momento em que sente seu nível de ansiedade começar a aumentar, antes de atingir a zona de pânico. Você deve saber que isso será eficaz, deixando-o confiante de que o ajudará a manter o controle.

DETONANDO MITOS

Tempo de relaxamento é apenas outra desculpa para a preguiça. Não fazer nada é improdutivo.

Isso realmente não é verdade. Ser duro consigo mesmo o tempo todo sem nunca relaxar é como dirigir um carro sem nunca reabastecê-lo. Relaxamento é essencial – e quanto mais ocupado você for, mais importante será.

Exercícios de relaxamento são apenas uma das maneiras de aprender como relaxar "naquele momento". O principal valor deles é que relaxam *tanto* a mente *quanto* o corpo, superando seletiva e deliberadamente algumas das alterações que a ansiedade desencadeia em nosso corpo. Eles neutralizam as situações que podem desenvolver e fornecer combustível a ataques de pânico e funcionam no sentido de tirar seu corpo e seu cérebro do alerta vermelho. São apreciados porque nos ensinam como relaxar quando nossos níveis de ansiedade ou de estresse estão muito altos – momentos em que o relaxamento é extremamente difícil. Desse modo, pela mesma razão, assimilar-lhe a técnica, na verdade, é bem difícil, e para a maioria das pessoas exige muita prática.

Exercícios de relaxamento

Existem inúmeros exercícios de relaxamento e recursos em torno deles. Para um exercício de relaxamento bem simples, veja o boxe abaixo (páginas 68-70). Contudo, qualquer que seja o exercício que você escolha, a regra de ouro é começar a usá-lo quando *está bastante calmo.* Isso pode parecer estranho, mas é preciso aprender como usar o exercício antes de experimentá-lo em um momento realmente difícil. É como aprender a dirigir: você começa em ruas tranquilas e somente quando está mais confiante e sabe o que está fazendo vai enfrentar ruas movimentadas.

Assim, comece praticando seu exercício de relaxamento quando estiver em algum lugar seguro (geralmente em casa) e confortável, e onde não será interrompido. Faça-o em um momento em que seus níveis de ansiedade estejam baixos e você não se encontra sob demasiada pressão (quer dizer, não dez minutos antes de ter de sair correndo para buscar as crianças na escola). Lembre-se de que a prática traz a perfeição. Então, assim que tiver começado a pegar o jeito, continue a fazê-lo! Toda vez que praticá-lo, estará fortalecendo suas habilidades de relaxamento, e isso significa que o achará mais fácil quando tiver de usá-lo em um momento real de ansiedade.

Quando se sentir bastante confiante em percorrer todo o exercício em um nível de baixa ansiedade (abaixo de três), experimente-o quando sentir níveis de ansiedade levemente mais altos (não altos demais – digamos, entre três e cinco). Continue tentando encontrar um tempo quando estiver em um lugar seguro e confortável – talvez ao fim de um dia estressante –, ou antes de sair para fazer algo que sabe que o deixará ansioso. Pratique-o então, e veja como se sai. É bem provável que exija mais prática para conseguir seu jeito próprio de abaixar o nível de ansiedade; por isso, não fique desmotivado!

Assim que souber usar o exercício em casa para acalmar-se (isto é, quando ele o fizer descer com segurança na linha da ansiedade), tente praticá-lo fora, em outro lugar. Dependendo do exercício que escolher, talvez tenha de adaptá-lo de alguma maneira. Tente identificar os pontos fundamentais em seu exercício de relaxamento: como acalma sua respiração, quais mudanças provoca em seus pensamentos e como você assume o controle de suas sensações físicas. Comece tentando usar suas habilidades para ajudar a baixar os níveis de ansiedade quando você se encontra em algum lugar onde permanece bastante tempo, talvez em seu trabalho. À medida que for ficando cada vez melhor nisso, pode praticar acalmar-se quando estiver andando por aí.

A chave para dominar qualquer exercício que ajude a controlar a ansiedade é ter consciência de que você *pode* estar no controle. Quando a ansiedade é desencadeada, você *não precisa* ser empurrado para dentro do ciclo de pânico sobre o qual aprendemos no capítulo 2. Boa sorte – e continue praticando. Lembre-se: relaxamento nunca é demais!

> Temos aqui um exercício de relaxamento bem rápido. Ele não é complicado nem exige habilidade especial, mas realmente ajuda a parar a progressão da ansiedade e lhe dá a chance de retomar o controle, caso você esteja à beira de um ataque de pânico.

Para este exercício você precisa achar uma canção ou uma música que considere tranquilizante. Pode conter palavras especialmente calmantes, ou que o façam lembrar de um lugar seguro e de alguém especial. É necessário que seja uma peça musical de que você goste, porque a ouvirá muito! Pode ser mais de uma música, mas inicialmente se fixe em duas ou no máximo em três. Coloque-a para tocar e, se possível, repita-a várias vezes. Encontre um lugar confortável onde possa sentar-se ou deitar-se – um lugar onde se sinta seguro e não seja interrompido. Inicialmente, é melhor praticar o exercício quando seus níveis de ansiedade estiverem baixos; escolha, então, qualquer hora do dia que seja melhor para você.

Enquanto a música toca, cantarole a melodia ou, caso queira, cante a letra. Esta parte é muito importante porque o força a regular sua respiração. Tente sempre chegar aos finais das frases ou das linhas melódicas – isso o estimulará a respirar profunda e agradavelmente. Repita isso várias vezes, à medida que a trilha sonora é repetida.

Pratique esse exercício tanto quanto você puder – duas vezes por dia seria ótimo. A cada vez, tente estar em algum lugar calmo e silencioso, e faça o que puder para evitar interrupções. A ideia é que você comece a associar essa música com estar calmo e seguro. Quanto mais praticar o exercício, mais forte será a associação.

Uma vez que dominou o exercício, pode começar a usá-lo para ajudar a acalmar-se e levar a linha de ansiedade de volta para baixo. Comece tentando em um dia no qual sinta que sua ansiedade subiu, mas não demais – talvez, até aproximadamente cinco. Nesse nível você sentirá alguns dos sintomas de ansiedade, mas também deve estar bastante no controle. Encontre um lugar onde possa ter cinco minutos só para você, ligue sua trilha sonora (pode levá-la consigo no celular) e repasse o exercício várias vezes. Assegure-se de que está cantarolando. Se por acaso estiver sendo escutado, cantarole somente de cabeça, mas certifique-se de que esteja respirando como se estivesse cantarolando em voz alta!

Quanto mais praticar esse exercício, mais efetivo ele será. Por fim, algumas pessoas acham que, mesmo não tendo a música com elas, cantarolar ajuda a sentirem-se mais calmas e a retomar o controle. A beleza desse exercício é que é rápido, fácil e muito funcional. Você pode executar a melodia enquanto caminha, se está fora de casa, cantarolar em pensamento quando viaja ou está no trabalho, e até ouvi-la rapidamente enquanto está no banheiro, se você precisar de alguns poucos minutos para se acalmar!

7
LIMPANDO AS APARAS

No capítulo 2 vimos como certos padrões de pensamento podem piorar a ansiedade e transformar as aparas de ansiedade normais e saudáveis em fogueiras de ansiedade bem grandes. Este capítulo é uma introdução para você começar a eliminar pensamentos inúteis.

Manter um diário é a melhor maneira de tomar mais consciência dos pensamentos que atravessam nossa mente e de como eles alimentam ou afetam nossa ansiedade e outras emoções. Não se preocupe se, no começo, você não conseguir escrever muita coisa – é preciso praticar para melhorar isso!

••••••••••••••••••••••••••••
Agora é com você!

Mantendo um diário de pensamentos

Antes de começar a identificar os pensamentos que estão provendo os gravetos e aparas para suas fogueiras de ansiedade, você precisa monitorar *todo* o seu pensamento nos momentos em que esteja lutando com a ansiedade. Para fazê-lo, mantenha um diário. Escreva nele sempre que tiver um episódio de ansiedade, ou seja, toda vez que seus níveis de ansiedade começarem a subir na linha que você traçou no capítulo 5.

Toda vez que escrever no diário, anote cada uma das coisas a seguir:

- Onde você estava e o que aconteceu?
- Qual nível de ansiedade a desencadeou? (Anote o número da linha de ansiedade).
- O que você sentiu (tanto física quanto emocionalmente)?
- Que pensamentos passaram por sua mente?
- O que você fez cujo resultado o levou a sentir-se dessa forma? (Isso pode ajudá-lo a perceber quaisquer situações que o deixam ansioso, ou quando suas ações pioram sua ansiedade – por exemplo, se você falha em fazer algo útil ou tenta ignorar/reprimir a ansiedade).

Você deverá usar um caderno especial para este diário e mantê-lo por algumas semanas, de forma que consiga exemplos suficientes para examinar. Às vezes, você pode escrever no momento em que se sentir ansioso. Outras vezes – talvez com mais frequência – não conseguirá escrever, ou porque esteja ansioso demais (caso se encontre na zona de pânico), ou porque simplesmente não seja prático. Tente fazê-lo tão logo seja possível, para não se esquecer dos detalhes.

• •

Analisando seu modo de pensar

Assim que tiver uma boa série de apontamentos em seu diário, veja se reconhece, dentre as coisas que escreveu, alguns sinais de pensamentos-gatilho, apresentados a seguir.

Métodos negativos de pensamento

Trata-se da mentalidade típica dos pessimistas, que focam em qualquer coisa negativa que tenha acontecido, ignorando as positivas. Também prognosticam coisas ruins para o futuro e menosprezam quaisquer sucessos. Veem fracasso e catástrofe onde quer que seja. Assim, provavelmente se atrapalharão com a tarefa que têm de realizar no dia seguinte... O trânsito com certeza estará horrível... E tudo que disserem no jantar será completamente monótono...

Pensamento "tudo ou nada"

Muitas vezes chamado de pensamento "preto no branco", descreve situações em que você tem uma posição clara sobre duas formas de agir, sem áreas cinzentas permeando-as. Isso significa que, ou se tem sucesso total, ou se falha totalmente. Você não consegue sair-se bem se não realizar o melhor absoluto. Pessoas que pensam assim tendem a estabelecer padrões muito elevados e não permitem nenhum limite quando elas – ou outras pessoas – estiverem trabalhando em busca de objetivos. Podem efetivamente procurar por sinais de falhas, e então declarar seu trabalho (ou o que quer que seja) inútil, sentindo-se totalmente insatisfeitas com o resultado. Assim, uma noite pode parecer-lhes um desastre total apenas porque alguém se atrasou um minuto ou porque uma coisa ínfima não funcionou de acordo com o planejado. Esse estilo de pensamento combina com catastrofização (veja a seguir), levando as pessoas a sentir extremos de ansiedade, porque têm uma meta de que as coisas precisam atingir os cem por cento de perfeição – e quantas vezes, na verdade, as coisas ocorrem assim?

Catastrofização

Catastrofização – ou modo de pensar "bola de neve", como eu prefiro chamá-lo – é algo a que todos temos propensão quando estamos sob estresse, ansiosos ou preocupados com algo. Ela descreve a maneira pela qual nossa mente pode dar grandes saltos ilógicos entre algo que aconteceu (ou tememos que possa acontecer) e coisas que podem ser ou não verdadeiras, ou acontecer no futuro. Assim, podemos sem querer dizer algo errado a um colega. Isso detona pensamentos tais como "Oh, não, ele vai contar a todo mundo que fui horrível com ele". Então, isso nos leva a ficar preocupados: "Todos vão achar que sou uma pessoa horrorosa... ninguém vai gostar de mim... ninguém vai querer me conhecer". Antes de saber, estaremos nos preocupando com coisas futuras: "Eu sempre ficarei só... Eu nunca me casarei... Eu vou morrer sozinha!". A leitura de uma típica linha de pensamentos de catastrofização pode parecer quase cômica, mas no momento ela transmite a gravidade daquele último pensamento – como se algo que você fez inadvertidamente, neste caso uma observação descartável feita a um colega, pode ter selado seu destino por toda a vida. Erros pequenos causam preocupação e levam ao pânico sobre os piores cenários possíveis, que, na realidade, provavelmente nem aconteçam.

Personalização

Este é um interessante padrão de pensamentos-gatilho, uma vez que se trata de uma tendência muito comum e por ter também, potencialmente, um lado positivo óbvio. Na personalização, você tende a assumir a responsabilidade por coisas que, na realidade, você não controla. Isso quer dizer que você é alguém em quem os outros podem confiar – e o fazem frequentemente –, mas também significa que você pode sentir-se bastante culpado por falhas que não são absolutamente suas. Por exemplo, pode sentir-se culpado porque alguém tem dificuldade de fazer amigos em um evento social, ou se alguma tarefa não tenha sido feita, ainda que não fosse sua responsabilidade. Identifique esse padrão por meio de pensamentos como "Eu deveria ter feito aquilo" ou "Eu gostaria de saber que ela se sentia assim", ou por constantes sentimentos de culpa.

Leitura mental negativa

Este último padrão de pensamentos-gatilho comuns descreve alguém que se preocupa constantemente com o que outros estão pensando, porque com toda certeza é algo negativo. Esse tipo de pensamento tende a ser mais comum em pessoas que não têm muita autoconfiança e geralmente surge em situações sociais. Procure por pensamentos tais como "Aposto que eles estão rindo de mim", ou "É óbvio que ele não quer falar comigo", ou "Ela pensa que sou um completo idiota", quando não há realmente muitas evidências para apoiar esses pensamentos.

Ao ler seu diário, verifique quando você está demonstrando padrões de pensamento-gatilho. Talvez queira destacar quaisquer pensamentos que identificar. Como eles se relacionam com a sua ansiedade? Existem pensamentos que surgem recorrentemente?

Às vezes, um pensamento pode dar uma pista para um objetivo subjacente ou uma regra segundo a qual você vive. Assim, por exemplo, a maneira de pensar "tudo ou nada" é muito comum em pessoas que se forçam a alcançar níveis sobre-humanos em tudo que fazem. Pergunte-se: existe uma regra subjacente a isso? Eu me pressiono para sempre chegar mais alto? Por quê? As regras pelas quais vivemos muitas vezes são automáticas. Nós as aprendemos na infância e na maioria das vezes não as questionamos mais. Mas nossa perspectiva infantil da vida pode ser precária, especialmente se coisas difíceis estão acontecendo no momento ou se alguém influente também impõe normas severas ou irreais. Pergunte-se se alguma coisa de seu passado está desencadeando esses padrões de pensamento inúteis.

• •
Agora é com você!

Identificando ofensores frequentes

A maioria das pessoas acha que há alguns pensamentos que aparecem reiteradamente em seus diários. Podem ser convicções a seu respeito ou sobre outras pessoas ("Eu sou inútil por não ser capaz de fazer isso"), regras ou metas segundo as quais se forçam a viver ("Eu nunca, jamais, devo cometer um erro"), ou um dos pensamentos inúteis citados ("Isto é minha estúpida culpa"). É útil identificar esses frequentes ofensores; então, por que não relacioná-los em seu diário?

Desafiando pensamentos-gatilho comuns

O próximo passo, obviamente, é perguntar-se o quanto esses pensamentos são realmente precisos. Eles são influenciados pelo modo como você está se sentindo no momento? São pensamentos com os quais outras pessoas concordariam, e as evidências de fato estão de acordo com elas? Lembre-se de que esses pensamentos influenciam muito seus sentimentos e suas emoções. Você quer viver de acordo com eles? Você realmente concorda com eles?

Talvez seja útil avaliar cada pensamento, analisando-lhes os "prós" e os "contras". Qual evidência prática sustenta esse pensamento? E quanto à evidência contrária? Não se esqueça de considerar o que seus amigos ou parentes pensariam ou diriam.

Agora é com você!

Reserve um tempo para anotar os prós e os contras evidentes de alguns de seus pensamentos-gatilho comuns. Para cada um, trace uma linha de cima para baixo no meio de uma folha de papel. Escreva "pró" de um lado e "contra" de outro. Em seguida, procure anotar o máximo possível de evidências. Quando tiver acabado, ponha a folha de lado – mas mantenha-a à mão. No decorrer dos próximos dias, você se dará conta de que tem mais coisas para anotar.

• •

Tendo desafiado seu(s) pensamento(s), tente chegar a uma versão mais realista das coisas em que realmente acredita. Por exemplo: "Agora mesmo tenho a sensação de que ficar preso nessa fobia é tudo minha estúpida culpa. É verdade que tenho feito algumas coisas que não ajudaram e que têm contribuído para o quanto isso me afeta. Mas a coisa que deu início a isso não foi minha culpa – foi apenas má sorte –, e eu não me dei conta de que o que eu estava fazendo era, na realidade, tornar as coisas piores. Agora estou retomando o controle e fazendo as coisas de maneira diferente – e isso é apenas o primeiro passo".

Esses pensamentos vão ajudá-lo a neutralizar os pensamentos-gatilho, quando eles tentarem importuná-lo. Algumas pessoas consideram útil escrever por extenso a versão "verdadeira" em um cartão e mantê-lo no bolso, na carteira ou na bolsa. Quando, então, o pensamento-gatilho atacar, elas têm sua defesa à mão.

Compreender, identificar e desafiar padrões de pensamento inúteis como esses (bem como algumas daquelas metas e regras de superpessoas com as quais às vezes vivemos, mencionadas no capítulo 2) é a base de um tratamento chamado terapia cognitivo-comportamental (TCC). É impossível para nós cobrir todos os aspectos da TCC neste único capítulo, mas podemos começar a conhecer alguns pensamentos inúteis e como eles influenciam nossos níveis de ansiedade. Se você desejar fazer um curso de TCC mais completo e obter suporte adicional para identificar e desafiar pensamentos ineficazes, existem alguns ótimos recursos grátis, que lhe proporcionarão exatamente isso. Procure na internet ou fale com seu médico sobre um encaminhamento para TCC.

8

COMEÇANDO A RECONQUISTAR O TERRENO

PARTE 1. FAÇA UMA LISTA DE SEUS MEDOS

Este é o passo mais prático na luta contra a ansiedade – e pode ser que você esteja esperando por ele impacientemente, ainda mais se sua ansiedade está limitando ou restringindo suas atividades. Contudo, lembre-se de como é importante reservar um tempo para chegar aqui! Os capítulos anteriores são partes essenciais para assentar os fundamentos, a fim de atacar este estágio com sucesso.

ANTES DE VOCÊ PASSAR PARA ESTA FASE

- Assegure-se de que você está consciente de seus próprios níveis de ansiedade e de como os sente. Veja capítulo 5.
- Tenha um método de relaxamento bem e verdadeiramente praticado e aperfeiçoado, de modo que

> você se sinta confiante em lidar com níveis moderados de ansiedade, quando forem desencadeados (níveis cruciais abaixo da zona de pânico). Veja capítulo 6.
> - Identifique quaisquer pensamentos-gatilho comuns que possam assombrá-lo, quando você tentar desafiar sua ansiedade, e tenha uma versão "verdadeira" pronta no caso de as coisas se tornarem difíceis. Veja capítulo 7.

Este é o passo final no combate à ansiedade, e é uma ferramenta para ajudá-lo a começar a reconquistar algum terreno onde você ficou preso em um ciclo de evitação – e, como resultado, está lutando contra sua ansiedade.

Você vai lembrar-se de que, quando desenvolveu uma reação fóbica a algo, seu cérebro ligou o fato de você estar exposto a isso ao PCP que você teme. Toda vez que você evitou seja lá o que for, esse elo foi reforçado, visto que você acreditou que o PCP não ocorreu tão somente porque você evitou a situação. O que precisamos fazer é ajudar o seu cérebro a entender que o elo que ele criou pode de fato não ser exato. Precisamos ensinar-lhe que, às vezes, você pode ser exposto àquela situação sem que nada de ruim aconteça.

Agora, deixe-me tranquilizá-lo antes que você entre em pânico. Não estou sugerindo que pense no mais aterrorizante cenário possível e que, então, se exponha a ele! Não, muito pelo contrário! Lembra a analogia de aprender a dirigir? Quando você está aprendendo a dirigir, começa primeiro nas ruas mais tranquilas. O mesmo vale aqui. O que você precisa fazer é começar a confrontar as situações que tem evitado, gradualmente, de baixo para cima, ou seja, das mais simples às mais assustadoras.

Começando a desafiar seus medos

Deixe-me explicar isso voltando à minha própria experiência, ao desenvolver a fobia de elevadores. Eu havia alcançado um estágio em que isso estava se transformando em um verdadeiro transtorno em minha vida, interferindo até no meu trabalho no hospital. Eu sabia que precisava superar isso. Fiz uma lista de todas as situações aterrorizantes relacionadas a elevadores das quais eu conseguia me lembrar. Refleti intensamente sobre todos os tipos de elevadores nos quais eu potencialmente teria de entrar. Acabei com uma lista de diferentes tipos de elevadores, mas também com coisas tais como observar elevadores ou ver outras pessoas pegando o elevador, enquanto eu subia pelas escadas. Estas eram situações bem menos atemorizantes, mas ainda me deixavam bastante ansiosa.

O próximo passo foi colocar tais coisas em ordem, com as mais aterrorizantes no topo e as menos assustadoras no final. Para fazer isso, eu dei a cada situação uma classificação partindo de dez, em que dez era a mais aterrorizante de todas e zero não era absolutamente amedrontadora.

Experimente fazer isso sozinho. Se for difícil, peça a ajuda de um amigo. Você pode achar que o próprio processo de imaginar todas as situações desencadeadoras de ansiedade já causa certa ansiedade; portanto, demore o tempo que precisar e tente não se esforçar demais. Se achar complicado, procure então pensar em algumas situações para a lista de uma só vez; em seguida, faça uma pausa e ocupe-se com algo que considere relaxante ou reconfortante. Lembre-se: não se trata apenas de pensar em situações que você ache extremamente aterrorizantes; na verdade, o objetivo é recordar de algumas não tão ruins assim!

• •
Agora é com você!

Refletindo intensamente sobre sua própria lista

Vamos dar-lhe um minuto para fazer isso com sua própria fobia. Antes de qualquer coisa, pense intensivamente em uma lista com todas as formas que você pode entrar em contato – de qualquer maneira – com a coisa da qual você tem medo. Assim, se tem medo de aranhas, inclua visitar o setor de aranhas no zoológico, encontrar uma aranha no banheiro de casa, ver a foto de uma aranha numa revista... Se forem lugares públicos que o amedrontam, insira uma ida ao supermercado ou ao cinema, como também caminhar até o final de sua rua, ou talvez apenas ficar parado do lado de fora da porta de casa por alguns minutos, observando as pessoas passarem. Escreva a lista em seu caderno.

A próxima coisa a fazer é tentar colocar as situações em ordem, dando a cada uma delas a nota de zero a dez (dez é a mais aterrorizante possível e zero não é absolutamente assustadora). Reescreva a lista, em ordem, da menos até a mais assustadora.

• •

Como se saiu? Se achar que sua lista é cheia de situações com notas cinco ou mais, então você deve tentar novamente outro dia e pensar em coisas menos amedrontadoras. Talvez seja recomendável pedir a ajuda de um amigo. Você precisará de uma boa quantidade de exemplos em sua lista antes de ir para o próximo capítulo.

9

COMEÇANDO A RECONQUISTAR O TERRENO

PARTE 2. SEU CAMINHO PARA A RECUPERAÇÃO

Uma vez tendo compilado uma boa lista dos tipos de situação que possam desencadear sua ansiedade, você está pronto para passar para o próximo estágio: desenhar o que eu chamo de mapa rodoviário. Isso é um pouco como pensar acerca de uma longa jornada. Se você quiser ir de São Paulo para o Rio de Janeiro, por exemplo, pode desenhar para si um mapa de todos os lugares pelos quais terá de passar nessa jornada. É possível até acrescentar passos menores, tais como "Encher o tanque". Queremos desenhar um mapa semelhante para todos os estágios que você deverá atravessar à medida que supera sua ansiedade. Você precisará de uma folha de papel grande para isso (no mínimo A4). Desenhe uma grande estrada sinuosa nela, em seguida escreva "INÍCIO" em uma ponta e "FIM" na outra (veja figura 9.1).

Em seguida, coloque cada um dos itens de sua lista no seu mapa rodoviário. Alguns deles – com notas mais altas – estarão bem perto do fim. No momento, dão a sensação de muito medo. Outros podem estar mais próximos do começo. Você pode ver um exemplo da minha própria fobia de elevadores na figura 9.2.

Figura 9.1: Começando a elaborar seu próprio mapa rodoviário

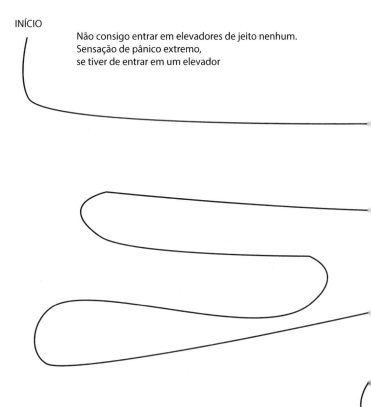

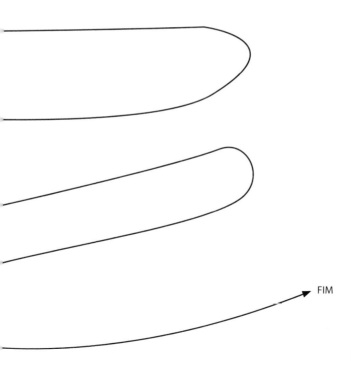
FIM

Figura 9.2

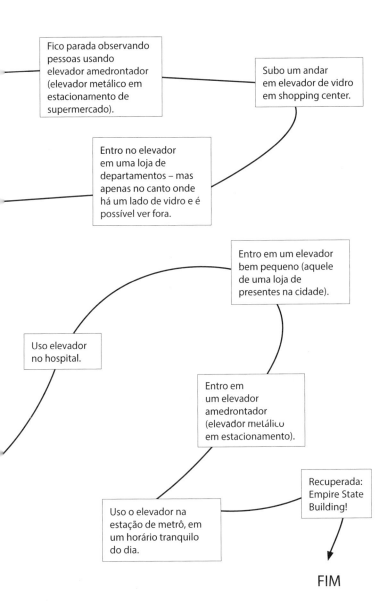

Assegure-se de que seu mapa final tenha um bom número de marcadores bem espaçados no caminho. Procure evitar lacunas grandes demais em qualquer lugar, pois isso indica que você pode estar tentando dar um passo grande demais de uma só vez. É importante também que seu primeiro passo esteja perto do ponto de partida. Não se coloque um desafio grande demais nos estágios iniciais. Deve realmente ser algo que você classificou como bem baixo em sua lista – de preferência nota um ou dois, e decisivamente não mais que três.

O que você quer fazer é mover-se gradualmente ao longo da estrada. Não tenha pressa – isso não é uma corrida!

Passo 1. Planeje quando dar o primeiro passo fundamental

Isso não deve ser muito desafiador, de modo que tem de ser bastante fácil planejar. Defina uma atividade que tenha de realizar para observar os seus níveis de ansiedade. Então, verifique o nível no qual você se encontra (zero a dez na linha de ansiedade do capítulo 5). Tenha o cuidado de escolher algo relativamente fácil, de modo que seus níveis não subam demais. Mas lembre-se de seu exercício de relaxamento – você sabe o que fazer se começar a se sentir desconfortavelmente ansioso. Seja o que for, não deixe que essa faísca de ansiedade o faça entrar em pânico – não se esqueça de que se trata de uma ameaça vazia tentando impedi-lo de libertar-se! Use suas habilidades de relaxamento e desafie quaisquer pensamentos-gatilho. Talvez seja importante ter um amigo por perto que possa ajudá-lo a permanecer calmo. Lembre-se, você está no controle! Não tenha medo da ansiedade – é apenas seu cérebro dando o alarme de fumaça, pois é isso que ele aprendeu a fazer. Não há nada a temer; portanto, não esqueça apenas de quão improvável é que seu cenário de PCP vá acontecer.

Passo 2. Continue repetindo esse primeiro passo várias vezes

Sim, eu realmente passei um tempo observando as pessoas entrarem e saírem de elevadores, e fiz isso mais de uma vez! Eu continuei repetindo esse estágio até que minha ansiedade baixou para quase nada. E você vai achar a mesma coisa: cada vez que repetir um estágio de seu mapa, isso provocará um pouco menos de ansiedade, à medida que seu cérebro aprender que você pode de fato fazer isso sem que os temíveis PCPs aconteçam. Assim, na primeira vez se verá atingindo o nível cinco, aproximadamente, mas na segunda vez apenas três ou quatro, e assim por diante. Quando conseguir completar esse nível sem ficar ansioso, considere mover-se para o próximo destino.

Passo 3. Pense em dar o próximo passo, mas somente se estiver pronto

Utilizando essa simples regra de três passos, você pode mover-se ao longo de seu mapa rodoviário, etapa por etapa. Lembre-se de que alguns passos serão mais difíceis do que outros; portanto, não tenha pressa e vá com calma. Não se esforce demais nem torne as coisas mais difíceis – por exemplo, tentar um novo passo quando já estiver bem estressado. Comemore cada passo que der adiante e lembre-se de mover seus marcadores também. Cada movimento que fizer é um pouco mais de terreno que avançou adiante de sua ansiedade. Ponha seu mapa em algum lugar visível e vá indicando onde se encontra em sua jornada (prendê-lo na geladeira com um imã é uma ótima ideia!).

Não se esqueça de comemorar!

Mover-se ao longo desse mapa é uma enorme conquista; portanto, parabenize-se. Vale a pena planejar pequenos prazeres e comemorações para cada novo passo que terminar com êxito. Você pode também planejar algo especial para marcar o momento no qual chegar ao fim de seu mapa rodoviário. É uma imensa conquista, então, torne-a inesquecível![2]

---

[2] Sim, eu fiz as pazes com o Empire State Building (em Nova York): oitenta e seis andares em quarenta e cinco segundos (aparentemente, pareceu-me bem mais demorado!). Não foi a viagem mais divertida e provavelmente não escolheria fazê-la de novo, mas a fiz. E, o mais importante, isso me levou a um estágio em que a maioria dos elevadores diários se tornaram acessíveis para mim. Ao longo dos anos (isso foi há uma década) os elevadores passaram a ser simplesmente uma experiência diária, em vez de algo que me enche de medo. Na verdade, a maioria dos elevadores não me causa nenhuma ansiedade, embora eu tenha que admitir que ainda não goste muito daqueles de metal de estacionamentos e absolutamente nunca entro em elevadores lotados!

10
EXPECTATIVAS

Este livro foi uma breve introdução para guiá-lo através dos passos importantes de combate à ansiedade. Ele é, de fato, sobre os "primeiros passos" a serem dados para afastar-se da ansiedade; portanto, busque mais ajuda caso necessite, e não tenha medo de falar com o seu médico para obter apoio.

Sou apaixonada por ajudar as pessoas a trabalharem no sentido de superar a ansiedade porque eu conheço o enorme impacto que ela pode ter na vida, e sei também que tudo pode alterar-se magnificamente com um bom suporte. A ansiedade baseia-se no fato de que as pessoas nunca a enfrentam – apenas continuam fugindo dela. Vivemos temendo algo que geralmente não acontece. Quantas vezes os seus PCPs realmente aconteceram? Qual a probabilidade disso? O que é muito mais real é o impacto que o medo desses PCPs pode provocar em você. Isso significa que aquilo que você teme não é o PCP, mas o medo que ele provoca; e isso pode controlar e limitar a sua vida.

Temendo o próprio medo

Uma das minhas passagens favoritas relacionadas à ansiedade está em um dos livros de Harry Potter.[1] Nele, Harry

---
[1] ROWLING, J. K. *Harry Potter e o prisioneiro de Azkaban*. São Paulo: Rocco, 2017.

(o menino bruxo) aprendeu a combater Boggart, "o bicho-papão". Os bichos-papões são criaturas mágicas que, quando você as defronta, transformam-se naquilo que você mais teme. Para Harry, o bicho-papão se transforma em um dementador que o aterroriza tanto que, de início, não consegue lutar contra ele de modo algum, ficando totalmente paralisado de medo (você poderia dizer que ele é empurrado diretamente para dentro da própria zona de pânico). Dementadores são enormes criaturas negras vestindo mantos, nos quais J. K. Rowling se baseou para retratar as próprias experiências de ansiedade e depressão. Quando os dementadores estão por perto, eles sugam toda felicidade de dentro de você e fazem-no sentir como se nunca mais pudesse ser feliz outra vez. Você se sente trêmulo e frio, tanto física quanto emocionalmente. Há um trecho no livro em que, em uma conversa, Harry explica ao seu professor no que os bichos-papões se transformam para ele e o quanto isso o aterroriza. A resposta do professor surpreende Harry, porque ele esperava ser ridicularizado por ser um covarde. Em vez disso, o professor responde: "Isso sugere que o que você mais teme é – o medo. Muito sábio, Harry".

Lembre-se de que, ao combater seu medo, frequentemente ele é cheio de ameaças vazias. Eu espero que este livro o tenha ajudado a entender melhor sua ansiedade. Se você é uma dessas pessoas cuja personalidade ou cujas experiências a tornaram mais ansiosa do que outras, não se desespere. Você não precisa perder o controle, já que é capaz de achar um caminho para aprender como encarar as situações e "redefinir" sua ansiedade. Você pode aprender a ser menos suscetível aos sinais de fumaça da ansiedade.

Boa sorte em combater sua ansiedade! O que quer que aconteça, orgulhe-se do fato de não desistir, deixando-a tomar o controle. É possível avançar através dos medos que o mantiveram prisioneiro por anos. Assim, permita-se ter expectativas, não ser atormentado por aqueles pensamentos-gatilho cheios de previsões negativas e profecias carregadas de destruição. Sonhe com um futuro no qual a ansiedade não o controle. Em seguida, dê os primeiros passos para tornar realidade esse sonho.

PARA A FAMÍLIA

Apoiar pessoas próximas que estão lutando contra a ansiedade pode ser bem difícil. Para quem está de fora do problema, às vezes é complicado entender certas atitudes, aparentemente irracionais, e bastante frustrante perceber a maneira como se deixam afetar e a suposta incapacidade de lutarem contra ela.

Eu espero que este livro tenha ajudado nesse sentido, embora pareça ter sido escrito somente para quem sofre com a ansiedade. Todos ficamos ansiosos. Então, embora você próprio não tenha que lutar contra ela, pode considerar úteis alguns dos exercícios para conscientizar-se do que ela representa e como pode afetar as pessoas. Você pode ajudar apoiando em alguns dos exercícios da seção "Agora é com você!", especialmente nos estágios mais práticos, no final do livro.

Como ajudar?

Existem três formas realmente importantes pelas quais você pode ajudar alguém que esteja lutando contra a ansiedade.

Conheça o inimigo

A ansiedade é destrutiva devido ao terror absoluto que desperta nas pessoas. Contudo, na maioria das vezes tais medos nunca irão se realizar. Você pode ajudar ao aprender como a ansiedade funciona – e como a pessoa a quem está apoiando ficou tão presa ao impacto que ela causa. Lembre-se de que o medo que ela sente é real, mas o resultado que teme geralmente não é. Ajude-a a entender como esse medo está sendo desencadeado desnecessariamente e a acompanhe em sua jornada de desafiá-lo.

Ajude a usar o extintor de incêndio

O antídoto final para ansiedade é o relaxamento. Todavia, esta não é uma habilidade fácil de aprender, especialmente para quem é ansioso. Lembre-se de que se trata de relaxamento contínuo – ao longo da semana –, bem como de achar exercícios ou rituais que ajudem a acalmar a pessoa a quem está apoiando nos momentos em que a ansiedade ataca. Ajude-a a encontrar modos que funcionem e a ser persistente nas horas difíceis. Seja capaz de acompanhá-la quando estiver praticando atividades que desencadeiam sua ansiedade – talvez quando estiver enfrentando seus medos ou simplesmente em um dia com grandes desafios. Se você perceber que ela está ficando ansiosa, lembre-a das habilidades do relaxamento que aprenderam e certifique-se de que comece a usá-lo antes que a ansiedade a oprima.

Leve esperança quando houver fracasso

A ansiedade é uma emoção muito assustadora. Ela pode dar a sensação de ser poderosa e deixar algumas pessoas fora de controle. Viver à mercê da ansiedade pode ser uma experiência desmoralizante, e muitos acham que também podem desenvolver problemas significativos de depressão e sentimentos de desespero. Contudo, é possível livrar-se dela e voltar ao controle. O passo mais difícil talvez seja acreditar que isso seja verdade. Você pode levar essa esperança à pessoa que está apoiando. Aprenda sobre ansiedade e como libertar-se dela, e então faça a pessoa compreender que você acredita que ela é capaz de fazer isso. Nos dias em que ela se sentir sem esperanças, pode não conseguir acreditar em si mesma; todavia, não importa o quanto ela desanime, saber que você acredita nela lhe trará grande força.

Compartilhando a jornada

Trabalhar contra a ansiedade é uma jornada – não apenas para aqueles que sofrem com o problema, mas também para os que estão à sua volta. Comemore os sucessos com a pessoa a quem está ajudando e cuide dela quando as coisas não estiverem tão bem. Acima de tudo, entretanto, ajude-a a se permitir um tempo e a encarar um desafio por vez. Você não pode apressar essa jornada; assim, acompanhe paulatinamente e não a incite a se transformar da noite para o dia.

Quem cuida dos cuidadores?

Por fim, lembre-se de conseguir apoio para si mesmo também. Você pode até não estar combatendo a própria ansiedade, mas apoiar alguém pode ser árduo e estressante. Certifique-se de ter algo em que possa descarregar essa energia e onde obtenha suporte e informação. Não se esqueça, quanto mais informação, maior a chance de efetivamente apoiar alguém.

Paulinas

Rua Dona Inácia Uchoa, 62
04110-020 – São Paulo – SP (Brasil)
Tel.: (11) 2125-3500
paulinas.com.br – editora@paulinas.com.br
Telemarketing e SAC: 0800-7010081